游戏化探索研究

高超民 著

中国财经出版传媒集团
中国财政经济出版社

图书在版编目（CIP）数据

游戏化探索研究 / 高超民著 . --北京：中国财政经济出版社，2021.6

ISBN 978 - 7 - 5223 - 0607 - 0

Ⅰ.①游… Ⅱ.①高… Ⅲ.①游戏 - 应用 - 研究 Ⅳ.①G898

中国版本图书馆 CIP 数据核字（2021）第 120430 号

责任编辑：张怡然　　责任校对：胡永立
封面设计：卜建辰　　责任印制：张　健

游戏化探索研究
YOUXIHUA TANSUO YANJIU

中国财政经济出版社 出版

URL：http：//ckfz. cfeph. cn
E - mail：cfeph@ cfeph. cn

社址：北京市海淀区阜成路甲 28 号　邮政编码：100142
营销中心电话：010 - 88191537
天猫网店：中国财政经济出版社旗舰店
网址：https：//zgczjjcbs. tmall. com
北京财经印刷厂印刷　各地新华书店经销
成品尺寸：147mm × 210mm　32 开　5.25 印张　92 000 字
2021 年 6 月第 1 版　2021 年 6 月北京第 1 次印刷
定价：36.00 元
ISBN 978 - 7 - 5223 - 0607 - 0
（图书出现印装问题，本社负责调换）
本社质量投诉电话：010 - 88190744
打击盗版举报热线：010 - 88191661　QQ：2242791300

广西一流学科（培育）建设项目（桂教科研〔2018〕12号）：百色学院马克思主义理论一流学科（培育）资助；教育部人文社会科学研究“基于概率性奖励视角的工作游戏化理论研究”（16YJC630023）项目资助；广西高校思想政治教育理论与实践研究项目“基于电子游戏内驱力的大学生学习动机激发研究”（2015LSZ016）项目资助。

目　录

绪　论

2010年以来，“游戏化”（Gamification）一词被人们广泛使用，游戏化在工作设计、营销推广、教育等领域的应用也被热议。事实上，游戏化的概念由来已久，苏联卓越的心理学家维果茨基（Lev Vygotsky，1896—1934）就已经提出了游戏理论。而第一次明确使用“游戏化”概念的是英国游戏开发人员尼克培林，随后在知名游戏设计师、研究人员的共同推动下，游戏化才逐渐被社会认知。所谓“游戏化”，凯文和丹（Kevin & Dan，2012）认为是在非游戏情景中使用游戏元素和游戏设计技术。有学者进一步提出，游戏化是将游戏中那些有趣、吸引人的元素巧妙地运用于现实世界或者生产活动（Yu-Kai Chou，2016）。

目前，游戏化被广泛应用到商业模式设计、工作设计、教育教学中，相关文献总结了多年以来的经验并形成多种实践路径，特别是在商业模式设计方面有诸多实践得失可供新进入者参考。作为一名研究人员，笔者在深刻体会到游戏给人带来巨大精神力量的同时，更多的是思考其魅力源泉。仅仅对以往实践内容进行拷贝，而不清楚背后的机理，会让实践者承担诸多失败的风险，使运用其推动创新的效果大打折扣。从目前已有的著作来看，从学术角度探索游戏化的较为少见。由于专业所限，笔者打算另辟蹊径，通过系列研究来揭示工作游戏化和教育游戏化的有效机理及应用路径。

讨论游戏化，需先明确何为“游戏”。关于“游戏”的定义，可谓众说纷纭，相对而言较有影响力的观点主要如下：

1. 亚里士多德：劳作后的休息和消遣，本身不带有任何目的性的一种行为活动。

2. 柏拉图：一切幼仔（动物的和人的）生活和能力成长需要而产生的有意识的模拟活动。

3. 拉夫·科斯特（索尼娱乐公司首席创意官）：游戏就是在快乐中学会某种本领的活动。

4. 辞海：以直接获得快感为主要目的，且必须有主体参与互动的活动。

5. 知乎网友“看山看水不如看我”：游戏是一种基于物质需求满足之上的，在一种特定时间、空间范围内遵循某种特定规则的，追求精神需求满足的社会行为方式。

6. 百度知道网友“国家71656634”：游戏是所有哺乳类动物，特别是灵长类动物学习生存的第一步，也是哺乳类动物或者灵长类动物所需的一种降压方式，不管是在出生幼年期或者发育期、成熟期都会需要的一种行为方式。

依据前述观点，游戏具有四个特征：模拟性、特定规则、精神满足、学会本领。

模拟是对真实事物或者过程的虚拟，不会产生真正的结果，因此对参与者而言，任何结果均可承受。与真实活动相比，模拟活动不存在参与风险，且可突破时间和空间限制，提高参与可行性。如在闪点行动游戏中，玩家不会因操作的对象在游戏中被击毙而死亡，且玩家可以进入模拟特定时间的特定地点进行游戏，而在现实中，对绝大多数人而言，参与这样的行动既无可能性，也无法接受。

但正是由于其为虚拟，无法产生真实的结果，为表示虚拟的结果，需要使用参与方均认可的规则，赋予某些其他事项或结果以特定含义，以代表真实。比如，在一些扑克牌游戏中，印有“2”的纸牌代表比印有“3”的纸牌有更大的权力，而在另外的扑克牌游戏中则可能相反。

游戏往往依据模拟情景的关键特性设计相应规则，具有一定的代入感。参与者在遵循规则的前提下获得成功，会由于代入感而产生与真实相似的成就体验，实现精神满足。同时，当规则与实际越接近，则模拟活动与真实活动越接近，有助于参与者理解真实活动与结果的关系，进而习得相应的本领。

由此可将游戏的定义整理为：通过有意识的模拟活动，在遵循参与方公认的规则前提下，获得精神满足并学会本领的行为方式。这样的定义可能与社会大众对游戏的刻板印象有一定差异。一直以来，游戏特别是电子游戏，被认为是“颓废”“不务正业”的代名词，而事实上是，社会大众普遍认为的游戏，只是一种狭义的概念。从前述的定义可以看出，游戏本身并无好坏，而试图从道德层面将游戏分类的做法，都是由生活经历或认识局限引发。

既然动物都可以游戏，游戏的历史显然难以追溯。从人类已有的记录来看，最早有关游戏的记载，大约是吕底亚的故事。希罗多德在《历史》中记录了3000年前小亚细亚的吕底亚发生的一件事情。吕底亚人用羊骨设计了羊拐和骰子的游戏。在大饥荒来临时，人们发明出一种补救饥荒的方法：约定花一天时间吃饭不玩游戏，而另一天玩游戏不吃饭，以这样的方式度过了漫长的18年大饥荒。

历史过于遥远，难以求证真伪，但我们身边因游戏而废寝忘食的玩家则屡见不鲜。

电子游戏的出现将游戏的吸引力推到新的高度，以至于沉迷电子游戏成为影响青少年成长最严重的问题，游戏上瘾也被定义为一种精神疾病。为何电子游戏有如此吸引力？到底是什么样的设计在起作用？从组织行为学的角度来看，电子游戏应该是满足了游戏者某些心理需求，使游戏者获得精神上较高程度的满足，且这种满足是在现实生活中往往难以实现的。由此可以思考，将游戏满足人们心理需求的设计模式应用到其他领域，比如工作、教育、商业等，或许也可以产生相似的效果。多年以来各个领域的尝试，已经证明了游戏化确实是有效的。笔者从组织行为学的角度在工作游戏化、教育游戏化等领域进行了系列研究，特别是在游戏化的一个重要特征——概率性奖励方面作了相应探索，接下来将逐一展示相应的独立研究成果。

第一章

电子游戏激励机制研究

自1952年电子游戏诞生起，人类便花费了大量的时间参与其中。例如，据魔兽世界游戏2011年的官方统计，在魔兽世界游戏中，玩家在线总共时长超过了593万年，这个时长等同于人类祖先从直立行走发展到今天所花费的时间。如果将每周玩游戏超过13小时定义为活跃玩家，则中国有活跃玩家2亿人、美国1.82亿人、印度1.05亿人、欧洲1亿人、韩国1700万人、澳大利亚1500万人、俄罗斯1000万人、中东地区400万人。全世界电子游戏玩家，每周游戏时间累计超过30亿小时（McGonigal，2011）。电子游戏在人类生活中占据了独特的一部分，给人们的生活增添了不少乐趣。然而，电子游戏长期以来却背负着诸如“不务正业”“误人子弟”“玩物丧志”的道德污名。在传统观点看来，游戏和人们的工作、学习之间是一种对立的关系，因为游戏会侵占人们用于工作和学习的时间及认知资源。

近些年来，越来越多的研究者和实践者注意到：玩家在电子游戏的过程中，表现出极强的参与热情，并且往往伴随着较高的幸福感水平（McGonigal，2011）。与之相对的是，人们又常常用枯燥、无聊、单调、重复等词语来形容在组织中的日常工作。为什么人们会在需要安身立命的工作中投入不足，而对作为娱乐消遣的电子游戏则如此乐此不疲呢？研究者们开始反思，玩家在游戏中获得的那种幸福感和积极情绪，是因何而产生的？游戏中的这种积极体验，对于人们的日常生活和工作能否带来一定的启示呢？因此，在感慨电子游戏巨大魔力的同时，学者开始将电子游戏应用在教育和学习领域，以电子游戏的方式开展教育。这样的方法虽然取得了一定的成绩，但也出现了被抵制、被质疑的困境，经过多年的发展，依然未能达到预期的效果（程君青、朱晓菊，2007；尚俊杰等，2014）。

以电子游戏开展教育的方式的缺陷，在于其得游戏之“形”而未得其“神”，将教育内容直接移植到电子游戏的载体中，忽略了两者客观条件的不同由此必然引发“水土不服”的现象。“形”为外在形象，“神”为内在精神本质。在我们看来，对于电子游戏而言，其“形”指游戏本身具备的要素、视频展示和交互操作，而“神”则是其对参与者进行激励的内在机制。只有明确探析出电子游戏的“神”并将其借鉴到其他领域，才能使其产生像电子游戏一样的魔力。

学者汤姆·查特菲尔德（Tom Chatfield，2010）提出，借鉴游戏对大脑的奖励方式并应用在游戏之外的方面将会是一件革命性的事情。而中国 360 集团董事长周鸿祎以自身经历为案例，劝导员工“你能不能像玩游戏一样的工作”。从个体激励的视角来看，电子游戏对游戏参与者实现了高水平的激励：在基本没有物质回报的情况下，参与者依然投入大量时间、精力乃至于金钱，甚至在游戏的过程中因为高度投入而废寝忘食。相对而言，在企业组织中，员工们的不作为、消极怠工、偷懒、对工作挑三拣四等情况层出不穷。企业组织虽然通过各种激励措施一定程度上改善了员工的工作态度，但参与者在电子游戏中投入程度显著高于工作投入程度似乎已经是不争的事实。企业的管理者是否可以将电子游戏的“神”借鉴应用到工作激励中去，使工作具备类似电子游戏的魔力？正如学者试图从“低头族”现象中得到启示以用于企业对员工的激励一样（高超民、汤颖，2015），本章旨在通过基于扎根理论的质性研究方法，挖掘出电子游戏激励游戏玩家的机制，分析并构建电子游戏的激励机制模型，从而为企业的员工激励管理提供理论借鉴。

一、电子游戏激励相关研究回顾

（一）国外研究概述

近些年来，有关游戏如何激励玩家的研究在国外得到了学者们的重视和关注。一方面，一部分学者从沉浸的角度来理解电子游戏何以能够对玩家产生强烈的影响。有学者（Chou & Ting，2003）提出玩电子游戏是为了获得持续的沉浸体验，而沉浸体验的形成条件包含挑战技巧平衡、明确的目标、即时反馈、不必担心失败等。另有学者（Choi & Kim，2004）则以沉浸理论为依托对电子游戏行为的动机问题进行了研究，认为最佳体验的实现是电子游戏行为的关键动机，在挑战与技巧平衡的状态下，行为者就会有一种最佳体验，进入“沉浸状态”并延续游戏行为。韦贝尔等（Weibel et al.，2008）研究发现，同一款对打游戏，当玩家竞争对手是人而非电脑时，玩家的沉浸体验会大大提升。

另一方面，学者们从玩家的心理需要和游戏的提供物这一角度入手，分析了电子游戏吸引玩家的不同原因。例如，有学者（Wan & Chiou，2006）通过半开放的结构式访谈法，发现电子游戏玩家主要是为了满足四种需求，分别是寻求刺激与挑战、调节情绪、休闲娱乐以及逃避现实。

有学者（Liyan，2007）分析了游戏吸引人们的原因，认为包括多个方面：带给人们享受和乐趣；使人们紧张和热情地参与；有明确的规则；有明确的目标；带给人们行动的体验；有结果和反馈；可以获胜，带给人们自我满足；有冲突、竞争、挑战等，刺激着人们的肾上腺素分泌；有问题需要解决，激发人们的创造性；有互动，使人们形成社会群体；有描绘和故事，带给人们情感的体验等。普日贝尔斯基等（Przybylski et al.，2010）侧重研究了游戏控制感的作用，提出游戏玩家获得控制感的两个重要因素：一是操作简单直观；二是任务有一定的难度，并对此观点进行了实验证明。此外，查特菲尔德（Chatfield，2010）提出了游戏对大脑的7种奖励方式，分别是指标的量化、目标分解并持续奖励、奖励努力而不惩罚失败、即时反馈、奖励概率、合适的时机选择、表现欲的满足。

（二）国内研究概述

在国内学者中，对于电子游戏的研究则往往从游戏成瘾这一现象入手，着重于分析电子游戏成瘾的主要原因以及相应的应对措施。张宏如（2007）通过研究提出，电子游戏成瘾的两个重要原因是不断升级的诱惑和生活群体的环境影响。刘瑞儒等（2011）则认为，成绩较差的学生由于无法在学习中得到积极的肯定从而缺乏成就感，往往选择在相对容易、简单且随意的电子游戏中获得成功的愉悦。与其相似的是魏爽（2008）提出，电子游戏为青少年提供了一个实现自我的平台。而燕道成（2014）则提出，电子游戏巨大的吸引力除了自我实现外，还源于其平等、高自由度、归属感满足等。可以看到，即便是研究电子游戏成瘾的原因，学者们也从侧面揭示出了电子游戏能够对玩家产生巨大吸引力的部分原因。

除此之外，另一部分学者侧重于研究电子游戏本身所具有的特征和属性。例如，董建蓉等（2007）在研究电子游戏的产品属性时提出，电子游戏的特点是高自由度、明确的规则、公平、成功有方法。吴伟和吴慧玲（2008）则在研究电子游戏对课堂的启示时，提出电子游戏的几个重要特性：目的性、交互性、好奇性、挑战性、体验性、愉悦性、反馈性。

综合目前国内外的研究来看，学者从不同侧重点对电子游戏的吸引力进行了相关研究，为我们认识电子游戏的基本特征和其吸引力提供了一些基本的知识背景。但是，现有研究依然存在着两方面明显的不足：一是尚未有研究从工作激励视角对电子游戏的激励机制进行完整系统的研究；二是这些对电子游戏的已有研究往往多数局限于电子游戏本身，尚未能够将电子游戏的激励机制借鉴到工作情境中。为了部分地回答上述两方面的研究不足，本章试图采用定性研究的方法，基于扎根理论对电子游戏的激励机制进行系统的分析，并在建立激励机制模型的基础上探讨电子游戏于工作激励的启示意义。

二、研究设计

由于已有文献中对于电子游戏的激励机制缺乏系统深入的研究，笔者将使用质性研究方法，运用扎根理论构建电子游戏激励机制模型。本书的整体逻辑思路是：首先，对国内外电子游戏激励的相关研究文献进行梳理，以此为基础构建起初步的半结构化访谈框架；其次，开展访谈并进行开放编码和选择性编码，确定核心范畴；再次，在核心范畴的基础上确定各范畴之间的关系，完成模型构建，并与相关的研究文献进行对话；最后，讨论模型对于企业情境下员工激励管理的启示以及未来继续研究的方向。

（一）理论性抽样

根据游戏中参与人数的不同，我们可以将电子游戏简单分为单人游戏和多人游戏两个种类。其中，单人电子游戏指游戏玩家独自参与、不与其他游戏者互动；多人电子游戏则指多个游戏者共同参与、交流互动，相互之间会产生合作与竞争。在现实生活中，不少游戏玩家都参与过上述两种类型的游戏，但同时往往又对其中的某一类游戏有着更高程度的偏好。由于单人和多人游戏在人际关系方面有显著的差异，为了保障本研究对游戏激励机制的分析具有足够的理论饱和度，我们在研究中分别抽取了两类偏好的游戏者，即更偏好于单人电子游戏的玩家和更偏好于多人电子游戏的玩家。

在访谈对象的确定方面，我们采用滚雪球的方式搜寻适合进行访谈的研究对象。考虑到典型的游戏玩家有更好的代表性，对于电子游戏相应地有更深刻的认识和理解，因此我们从研究者身边比较典型的游戏玩家入手，并请被访谈者在完成访谈工作之后推荐与介绍新的访谈对象。在访谈过程中，我们发现更多人偏好多人电子游戏，故在访谈中予以着重考虑。本次研究共访谈 35 人，其中更加偏好多人电子游戏的玩家 22 人，更加偏好单人电子游戏的玩家 13 人。访谈对象年龄均在 20 ~ 40 岁，平均年龄为 28 岁，平均游戏经验为 11 年，其中男性为 29 人、女性为 6 人，大学及以上学历者 32 人、高中学历 3 人。

在访谈中，我们发现被访谈者在介绍新的访谈对象时，往往会倾向有相同游戏经验甚至是一同参与同一款电子游戏的队友。借此便利，我们也对访谈者的表述进行了一定程度上的三角验证，从而提升了访谈者自我陈述信息的客观性。

（二）数据收集方式

本章中，数据收集采用半结构化的方式，使用网络视频作为访谈工具，将视频音像录制作为数据编码的基础。访谈过程中，我们以访谈对象的电子游戏经历为轴线，首先由访谈对象以叙事的方式介绍自身的电子游戏经历，访谈者则以寻找共鸣和非直接相关小问题的方式逐步打开话题，拉近访谈双方的心理距离，降低由于陌生感、防御心理等引起的叙述不确切的内容比例。在访谈进行约半个小时后，使用预先拟定好的问题对访谈对象进行引导，如为什么喜欢某款游戏、玩游戏的感受、游戏哪些方面设计得好，等等。由于前期的导入和预热，访谈对象此时普遍会陈述比较多的重要信息。每位受访谈对象的访谈时间为1～2小时，访谈总时长共计47小时，将访谈的视频信息整理为文本信息后共计4万多字。

编码与访谈交替进行，访谈一位即编码一次。对于访谈得到的文本和编码数据，我们进行反复比较和阅读。理论饱和度是决定是否停止采样的依据，如果没有新的概念和关系出现则认为理论已经饱和。我们在完成对第19位多人电子游戏玩家、第11位单人电子游戏玩家的访谈数据开放编码后，发现已无新的概念和关系出现。在此之后，我们分别继续访谈3位多人电子游戏玩家和2位单人电子游戏玩家并做开放编码后，仍然无新的发现，这表明我们的访谈环节具有较高的理论饱和度。

三、电子游戏激励机制的扎根研究

在对访谈获得的文本数据进行初步整理后，本节我们将按照扎根理论的一般流程（Glaser & Strauss，1967），依次对这些文本数据进行开放编码、主轴编码和选择性编码，从而根据数据得出概念、范畴和理论（王璐、高鹏，2010）。通过编码获得的分析结果，结合相关的理论指导，本节试图提出一个有关于电子游戏激励机制的一般理论模型。

（一）开放编码

为减少研究者个人认知的偏差，开放编码由两位研究者先分别独立进行，将资料打散、聚类，逐步形成概念及范畴；然后让两位研究者互相检查和对比，将讨论并达成一致意见的部分确定下来，未能达成一致的向被访者重新确认，仍未达成一致的请专家予以判定，进而形成最终结果，以此反映文本内容。

在此阶段，编码尽量使用访谈对象的原话，以避免信息失真。在逐步的编码过程中，使概念自然地从资料中涌现出来。编码时为概念进行编号，编号规则为：PX－Y，PX 表示访谈对象编号，Y 表示其访谈资料中的第 Y 个概念。例如，P18－2 表示第 18 个访谈对象资料中提取出的第 2 个概念。对于文本中涌现出的不同概念，研究者再经过集体讨论，将意义相近或类似的概念归并到不同的范畴中去。

在开放编码阶段，经过反复分析、对比、讨论，共得到 19 个范畴及其包含的 126 个概念，如表 1－1 所示。在笔者的研究过程中，我们并没有直接测量或者询问受访者参与游戏的意愿程度。不过，我们在访谈中涉及的“喜欢哪款游戏”“哪些方面设计得比较好”等内容隐含了参与意愿，即激励的效果，受访者报告的游戏体验也都是他们自身高度参与的一些游戏，故在后续的理论模型构建中，以参与意愿来表征电子游戏的激励效果。

表 1-1　　开放编码界定的范畴和概念

编号	主范畴	概念	典型编码例证
1	挑战技巧平衡	挑战的难度要求必须要努力才能完成，挑战难度与个人技巧相匹配	P1-9：任务不会太难，也不会太容易； P27-2：你升级，怪也跟着升级
2	规则明确	规则都有明确的设定，并在过程中被准确执行	P3-2：很清楚能做什么，不能做什么； P5-5：说什么时候上去有双倍积分就一定有
3	培训指导	对于如何操作及完成任务有相应的培训以及在过程中不断的提示和指导	P2-15：电脑会一步一步教你； P25-1：有各种提示和帮助说明
4	指标量化	各项指标均以数字的方式来表示大小，如生命、智力、防御等	P1-3：那把剑的攻击力是200多； P18-2：经验值增加了3000
5	即时反馈	在指标数值发生变化时立刻会得到反馈，并且随时可以了解指标的数值	P9-7：从进度条能知道快升级没有； P23-5：攻击力之类指标随时都可以看
6	聚焦目标	各种活动均以长期或短期目标为目的	P8-3：要么是为了升级，要么是为升级做准备； P19-2：里面没有吃喝拉撒睡，都是做任务

续表

编号	主范畴	概念	典型编码例证
7	行动简单	将各种活动简单化，仅以核心环节来代表	P6－4：补血点一下瓶子就行了；P13－2：点一下，阅读智力就增加10点
8	人际关系简单	人与人之间的关系只有合作或者对抗	P14－2：就是一起去打怪啊；P23－1：经常找人PK（游戏玩家互相砍杀）
9	公平公正	每个人会受到同等的待遇	P6－3：每个人在里面都一样；P13－4：大家都是靠实力说话的
10	建设团队	制定更有利于团队的规则，以促进团队的形成	P17－1：组队打怪爆好装备的概率大多了；P21－3：要一起打才能打得过
11	目标明确	游戏者知道自己要做什么	P7－6：有任务做；P26－2：总有任务等着你去完成
12	可以完成	游戏给定的任务都有方法完成	P28－1：每个任务肯定都有答案；P30－1：游戏肯定不会给你不可能完成的任务
13	高效价感	游戏者获得较高程度的精神满足，如成就感、控制感、归属感、求知需求等	P12－5：打爆一个大怪觉得自己很厉害；P29－6：感觉我自己在书写历史

续表

编号	主范畴	概念	典型编码例证
14	没有失败	只有暂时未成功，不成功可以不断再来	P4-7：死了就再来，会复活的；P10-3：多试几次就行了
15	高自由度	游戏者自行选择任务、自行选择完成任务的方式	P3-2：每天有12个任务给你选；P20-4：想怎么样自己选，不受束缚
16	持续奖励	将大目标分割成一定数量的小目标，每完成一个小目标就奖励一次	P1-12：不断升级就不断强大；P17-8：只要你努力（完成小目标）就有收获
17	奖励概率	奖品在一定范围内呈现随机性，每种奖品表现为不同的概率事件	P2-9：爆装备就看运气了；P13-8：极品装备是很难打的
18	奖励多样性	奖品从多个维度、多种形式表现为不同类型	P2-4：升级的话，攻击、血都会增加；P5-16：有武器、装备、药水、钱，等等
19	奖励可交易	游戏者可将获得的奖品与系统或其他玩家交易	P8-15：我不用就卖给别人；P22-6：用武器换装备

（二）主轴编码

此阶段目的是将前阶段编码过程中分割的资料，通过聚类分析建立不同范畴之间的关联。核心是要分析各范畴之间存在什么样潜在的逻辑关系，依此寻找线索。编码中发现，范畴间存在一定的先后顺序关系，经过分析、讨论和不断比较，将范畴的逻辑关系进行归类，最后确定范畴可以按目标、过程和奖励分为三类。

与目标相关的范畴有：目标明确、可以完成、高效价感、没有失败、高自由度，这些范畴均体现了在目标设定方面的准则。而挑战技巧平衡、规则明确、培训指导、指标量化、即时反馈、聚焦目标、行动简单、人际关系简单、公平公正、建设团队等范畴反映了为保证良好游戏体验而在过程设定方面遵循的原则。持续奖励、奖励概率、奖励多样性、奖励可交易 4 个范畴则均为奖励设定方面的原则。因此，我们将上述 19 个范畴合并为 3 个类属，如表 1 –2 所示。

表 1 –2　　主轴编码确定的范畴类属关系

编号	类属	范畴	内涵
1	目标设定	目标明确、可以完成、高效价感、没有失败、高自由度	为使游戏者产生或保持持续较高的参与意愿，游戏在设定目标时遵循的原则
2	过程设定	挑战技巧平衡、规则明确、培训及指导、指标量化、即时反馈、聚焦目标、行动简单、人际关系简单、公平、建设团队	为使游戏者在游戏过程中获得良好体验而遵守的设置原则
3	奖励设定	持续奖励、奖励概率、奖励多样性、奖励可交易	为获得较高的激励效果而遵循的奖励设置原则

（三）选择编码

依据研究目的，在对范畴和关系类别的反复分析基础上，探讨电子游戏激励效果的成因。与现有研究片面强调目标的效价不同，目标的高效价仅仅是目标设定的一个原则。除目标设定其他的原则外，过程设定方面、奖励设定方面的原则都是重要的机制，电子游戏参与者是在三种机制的综合作用下产生了最终的激励效果，故将核心范畴确定为“电子游戏的激励机制”，按此核心范畴构建模型如图1-1所示。

游戏者在目标诱因下产生动机和行为，在追求目标的过程中得到体验，完成目标后得到奖励，体验和奖励都使其行为得到强化，进而促使下一个循环的产生。从模型来看，电子游戏从目标（Target）、过程（Process）和奖励（Reward）三个方面对游戏者进行激励，故将此模型简称为TPR模型。结合我们对游戏玩家的访谈内容来看，上述三个方面的内容在激励游戏者的参与意愿过程中有着密不可分的联系。目标、过程或是奖励这三个方面，单独来看都会对游戏玩家产生一定的激励作用。然而，如果游戏中只是给出了目标设定或者引导玩家追逐目标，但在目标实现的过程中却缺乏相应的辅助机制，目标完成之后也没有相关的奖励体系的话，游戏所能产生的激励作用很可能是短暂而有限的。同样的，电子游戏之所以能够对玩家产生强

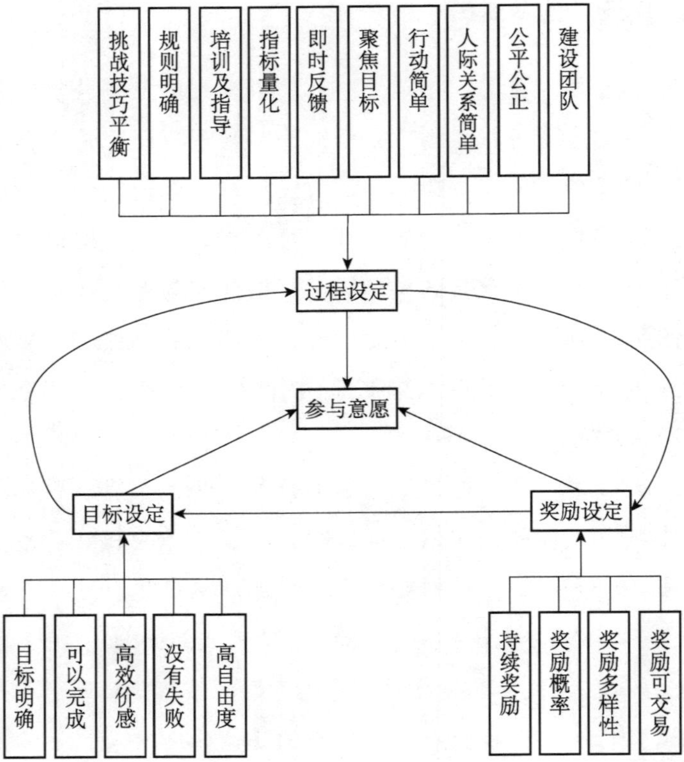

图 1-1　电子游戏的激励机制

烈的激励作用，并不仅仅是因为其能够给予高额的奖励与回报。事实上，很多时候电子游戏是不会有任何显性的奖励给予玩家的。那么，玩家获取精神层面的激励以及心理意义上的满足感，就成为电子游戏发挥激励作用的重要基础了。最后，我们也注意到，电子游戏对于玩家的激励往往不是一次性的，而是存在于一个持续连贯的过程中。一些设计精良的游戏，往往能够考虑到游戏玩家在游戏过程中各方面的心理需要，给予他们相应的支持、辅导、反馈，甚至是一些失败的打击，从而能够使游戏过程更加丰富化，避免玩家过早地对游戏失去兴趣，感到厌倦。综合来看，笔者归纳出的 TPR 模型，有助于从目标、过程和奖励这三个侧面来整体性地认识电子游戏的激励属性，从而更好地揭示出为何游戏玩家会在玩游戏的过程中感受到高水平的激励。

（四）理论对比验证

通过将本书得到的范畴和相关文献进行对比，我们发现多数范畴在以往学者的研究结论中已有支持与印证，同时我们的研究也发现了一些以往学者忽略的部分，相关的对比分析如表 1－3 所示。总体看来，以往学者的研究多从需求到效价开展，未能将效价进行详细分类，同时也忽略了其他因素对最终激励效果的调节作用。TPR（目标、过程、奖励）模型将效价的影响因素进行了系统分类，覆盖了以往学者忽视的部分影响因素，同时整体性地勾勒出了各因素之间的逻辑关系。因此，与以往的研究相比，本书提出与发展的 TPR 模型更系统、完整地描述了电子游戏的激励机制。

表 1－3　　　　相关文献比较验证

编号	范畴	代表性文献比较例证
1	挑战技巧平衡	挑战技巧平衡（Chou & Ting，2003）、任务难度适中（Przybylski et al.，2010）
2	规则明确	有明确的规则（Liyan Song，2007）、规则明确（董建蓉等，2007）
3	培训及指导	本书新增
4	指标量化	指标的量化（Chatfield，2010）
5	即时反馈	有立即反馈（Choi & Kim，2004）、反馈性（吴伟、吴慧玲，2008）
6	聚焦目标	目的性（吴伟、吴慧玲，2008）
7	行动简单	操作简单直观（Przybylski et al.，2010）、简单容易（刘瑞儒，2011）
8	人际关系简单	简单的人际关系（董建蓉等，2007）
9	公平公正	平等（燕道成，2014）
10	建设团队	生活群体环境（张宏如，2007）
11	目标明确	有清楚的目标（Choi & Kim，2004）
12	可以完成	成功有方法（董建蓉等，2007）
13	高效价感	实现自我（魏爽，2008）
14	没有失败	可以不断重来（Chatfield，2010）
15	高自由度	高自由度（董建蓉等，2007；燕道成，2014）
16	持续奖励	不断升级（张宏如，2007）、持续奖励（Chatfield，2010）
17	奖励概率	奖励概率（Chatfield，2010）
18	奖励多样性	不同类型的奖励（Chatfield，2010）
19	奖励可交易	本书新增

四、结论与讨论

（一）研究结论与讨论

本章从激励的视角出发，旨在探索电子游戏对于玩家的激励机制，并期望通过研究结果引申出对于组织情境中工作任务设计的启迪。由于电子游戏的激励机制这一问题在已有文献中尚缺乏较为系统的研究，笔者主要采取质性的研究方法。我们对 35 位电子游戏玩家进行了深度访谈并整理了相关的文本数据，在此基础上根据扎根理论的研究方法对文本数据进行分析，从而构建出一个有关电子游戏的激励机制模型。本章的主要研究结论为：电子游戏的激励机制可以概括为目标、过程及奖励三个主要的方面，电子游戏的激励力则来源于其在目标、过程及奖励三方面对游戏玩家产生的综合效果。其中，目标设定方面的激励机制来源于：目标明确、可以完成、高效价感、没有失败、高自由度；过程设定方面的激励机制来源于：挑战技巧平衡、规则明确、培训及指导、指标量化、即时反馈、聚焦目标、行动简单、人际关系简单、公平、建设团队；奖励设定方面的激励机制则为：持续奖励、奖励概率、奖励多样性、奖励可交易。如前文所述，笔者对于电子游戏激励机制的研究，并不单单是为了认清电子游戏具有什么样的激励机制，更重要的是，我们希望借助对于电子游戏激励机制的探究，从中学习和借鉴相关的激励原理，并应用到工作情境中去。在本章中，TPR 模型从目标、过程和奖励三个方面对电子游戏的激励机制进行了描述，而企业也可以按照这三个方面的引导，通过相应的工作设计与管理举措来提高工作的趣味性、挑战性，激发员工的工作热情，使他们在工作中也可以如玩游戏一样有着更高水平的投入。

1. 工作的目标设定

在游戏情境中，凡问题必有答案，游戏中任务的“可以完成”是游戏者屡败屡战的主要原因之一。然而，真实的工作世界与游戏的虚拟世界不同，并不是所有问题都可以找到解决方案。不过，管理者在设计工作任务或岗位职责时，依旧可以向员工们传递“任务或工作可以完成”的概念，即所有的工作让员工都感觉可以通过努力来最终完成。对于员工来说，当他们对于完成工作有着明确清晰的心理预期时，他们才有可能投入更多的时间、精力和资源来参与工作，即便遇到挫折和困难也能够继续坚持下去。管理者要传达这种心理预期，一方面，要根据员工的胜任能力合理安排工作任务，让他们有信心通过自我超越和适度的挑战来完成任务；另一方面，企业需要在组织内部建立知识能力库，或者通过外部的与行业的力量整合相关知识与资源，使得员工可以在工作中寻找到有关各种工作任务解决方案的协助信息，从中获取支持。

在效价方面，我们注意到电子游戏给予玩家的激励主要是精神方面的激励，在物质激励上几乎没有或者只是很少一部分。即便如此，仍然有大量的玩家主动而持续地投入游戏过程中，很大程度上是因为游戏满足了他们对于成就感、控制感、参与感等心理或精神层面的需求。在企业管理中，传统企业的激励机制往往侧重物质激励，而忽略精神方面的需求，如成就感、控制感、归属感、寻求新鲜等需求。尤其是随着企业中工作专门化、细分化的进一步加强，员工们往往只是负责工作中的一小部分，而很难感受到整个工作任务得以完成的成就感。因此，在企业员工管理的过程中，应在工作目标设置中对工作任务带来的精神层面激励予以充分的体现和重视。

在电子游戏中，任务“没有失败”的特点是游戏者敢于“玩命”的基础，而“没有失败”实际上由“失败代价小”和“可以不断重来”两个方面组成。由此可以看出，企业如果要构建“没有失败”的概念，不能只从口头上说，而应该从“降低失败代价”和“提供重来机会”两个方面入手，让员工敢“玩命”工作。所谓“玩命”工作，意味着员工们以极高的工作热情和投入程度开展工作，而不用畏首畏尾地考虑工作任务是否会成功，以及失败之后需要承担怎样的责任。应该说，在工作情境中，并不是所有工作任务的失败都可以容忍，也并不是所有的工作任务都有机会重新再来；但是，对于诸如创新创造、市场探索、技术开发之类具有开拓性的工作，管理者应当给予员工一定的犯错空间，允许他们在实践中摸索直至找到满意的解决方案。

最后，游戏的高自由度一直被认为是企业激励不可能借鉴的因素，传统意义上企业中的任务活动安排往往是受到各种因素限制和约束的。事实上，游戏中所谓的自由，也不过是给游戏者有限的几个任务与场景，由游戏者选择而已。相对来说，现实中的工作任务和完成工作任务的方法，其自由度是远高于电子游戏的，只不过企业在管理员工的过程中，是否或者在多大程度上愿意给予员工相应程度的自由空间。根据自我决定理论我们知道，寻求自主和自我掌控是个体基本的三项心理需要之一。当员工们在工作中感受到更高程度的自主性时，他们会更多地将工作内化成自己的奋斗目标，而不仅仅是机械地完成领导交派的任务，其激励水平会有显著程度的不同。正因如此，企业管理完全可以借鉴游戏设计这样的思路，将某些工作折算成绩效点数，由员工自行选择任务，出现冲突的则实行竞标，无人选择的则相应提高绩效点数。例如，一些具有项目型特征的公司，如 IBM 的 GDC（全球交付中心），就有在内部实行自由接任务的方法。不同任务得到不同绩效点数，员工可以根据自己的能力与资源来选择或竞争不同的工作任务，并根据任务完成的不同情况实现自身的工作绩效。

2. 工作的过程设定

“挑战技巧平衡”是心流体验的核心条件，学者在使用心流体验理论解释电子游戏现象的时候，也将挑战技巧平衡作为重要的条件（Choi & Kim，2004）。难度过高会让参与者产生挫折感形成习得性无助，而难度不足又会缺乏成就感而降低参与意愿，因此挑战过高或太低都不能激发参与者持续的参与动力。设计良好的电子游戏系统则会依据游戏者的各种量化指标和具体表现来判断任务的难度与游戏者的能力是否匹配，并自动调节任务的难易程度，以实现挑战和技巧的平衡。在现实的管理实践中，企业要做到工作任务难度与员工能力的实时动态平衡是一件较为困难的事情。不过，管理者可以在任务安排之前进行充分的人岗匹配分析，努力提高工作任务与员工能力素质之间的匹配程度。并且，在工作任务的执行过程中，企业也可以向员工提供必要的技能培训和支持服务，帮助他们提升与工作任务之间的匹配程度。管理者需要明白：只有当挑战技巧平衡时，员工的工作投入状态才有可能是最好的。

“指标量化”和“即时反馈”让游戏者清楚地了解现状和当前进展，是让游戏者持续下去的重要原因。并且，游戏者可以通过指标的变化来判断自身努力的效果，以及不断调整优化下一步活动中的方法。在现实工作中，人们希望达成某一目标但不肯付出相应努力，一个很重要的原因是无法判断每种努力行为的具体效果。当人们做出某种行为时，如果不能立即得到效果反馈，那么就倾向于进行别的尝试，最终得到反馈效果时，则难以判断到底是哪种行为的结果。反馈的时滞影响了人们对于因果的判断，而没有量化的反馈结果，则会让人无法判断不同行为的影响差异。如果企业管理能将员工的各项指标（贡献、业务水平、管理水平、社会责任等）予以量化，并使得员工在努力的过程中随时了解自身指标的变化，随时或者尽快获得自身工作情况的反馈，则可以让员工依据个人目标选择合适的行为并能持续努力工作。

在电子游戏中，“行动简单”是避免游戏者失去兴趣的重要设置，这一特征可以使游戏玩家免于各种不相关的烦琐流程，而更加聚焦于游戏任务本身。对于企业管理者而言，应当明白将工作简化不仅仅是为了提高工作效率，更重要的是可以降低工作的枯燥程度和出错概率，提高员工们的工作兴趣和满意度。举例来说，在信息技术应用普遍且成熟的情况下，企业应尽量多使用信息技术，提高工作中的自动化水平，让员工可以将精力主要放在更加核心的方向性和创新性的工作任务上，使工作变得简单而高效。例如，实行网络远程会议、远程协同办公、业务支持数据手机随时查询、总结报告由系统自动生成、签字审批网络化等。

3. 工作的奖励设定

“持续奖励”有两个方面的含义：一是将大的目标分解为小的目标，让游戏者一步一个台阶不断向前发展。这样既可以降低实现每一个目标的难度，也可以促使游戏者循序渐进地完成一些更为宏大的目标；二是努力很快得到回报，让游戏者感受到努力的作用并不断强化这种感受。在企业的管理活动中，管理者也可以尝试将工作细分为一些环环相扣的小目标，每完成一个目标就得到相应的回报。例如，在对员工的工作岗位设计中，除了给予基本的薪酬之外，还可以提供一些即时兑现的奖励性工作任务。不同难度的工作任务对应于不同的回报或者工作积分，员工选择并完成这些小任务之后则可以即时地获得相应的工作回报。

“奖励概率”是电子游戏系统中一个很巧妙的设计。在游戏中，不能为每一个简单的任务给付很高的报酬，但游戏系统中又必须包含大量的简单任务并期望玩家来完成。此时，游戏系统就通过一些有一定概率的大奖来驱动参与者。大多数玩家完成这几项任务可能都不会带来回报，但总会有玩家在小概率情况下获得一个高额的回报，这就可以激励玩家们投入到这些简单任务的完成过程中来。在现实生活中，彩票就是利用概率大奖来驱动人参与的典型例子。虽然大多数人都不会因为购买彩票而获得高额回报，但参与者还是会因为潜在的获奖可能而持续地购买彩票。

在企业的人员与工作管理过程中，其实也可以借鉴这样的思路，用概率性的奖励来解决任务回报吸引力不足和任务过于简单机械两种问题。在一些生产性企业或者简单操作性任务比较多的企业中，类似这样有概率的奖励举措将会激励员工们愿意来完成这些简单工作，而不会总是感到无聊与乏味。

此外，“奖励多样性”和“奖励可交易”是游戏为增加耐玩和趣味程度而设计的。其中，奖励的多样性是针对需求的多样性而设置，游戏者要满足多样的需求则要完成不同的任务。有些奖励又具有概率的特点，只能通过多次完成某项任务来有概率性地获得。而奖励可以进行交易是为了让奖励更好地匹配个人需求，进而平衡游戏中的不同玩家。企业在对于员工的奖励方面，也应当考虑设置多种类型的奖励，如奖金、带薪假期、旅游、礼品、迟到免罚款、专业培训等，以满足员工的不同需求。同时，奖励最好使用带有一定实现概率的设计，员工就需要为了某种特殊的需求而努力完成多个任务而忽略任务本身的枯燥。同时，为更好地匹配员工需求，企业应在内部信息平台为员工提供奖励交易服务，允许员工之间交易奖励和允许员工将某些奖励兑换为奖金。

（二）管理启迪

通过上述讨论可知，本章关注的电子游戏激励机制虽然是来自对电子游戏和玩家的研究，但由于其中蕴含了有关个体心理需要与任务激励的一些共性知识，因而可以在一定程度上为企业所借鉴。具体来说，结合笔者提出的电子游戏 TPR 激励机制模型，企业在管理中可以从工作任务、工作过程以及工作奖励三个方面进行适当的借鉴，并以此来改善企业的员工管理与激励工作。笔者认为，企业在进行工作设计与过程管理时，可以从以下三个方面学习借鉴电子游戏系统的有关特征。

1. 在工作任务的设计上，激励性与趣味性兼具

电子游戏之所以能够激发游戏玩家的极高参与热情，与电子游戏在内容和任务设计上的趣味性不无关系。在游戏设计中，设计者采用丰富的视觉、听觉体验和不同类型的游戏元素，为游戏玩家呈现出了非常多样化的游戏任务。由于这种丰富的多样性，玩家在游戏过程中较少可能会感受到枯燥乏味。与此同时，设计良好的电子游戏中的任务难度往往是由易到难逐步递增的，它可以使游戏玩家在开始时获得较高的满足感与成就感，并随着游戏的推进不断去挑战自己的能力。

认识到电子游戏的这种特性，企业在设计工作任务时，也可以有所借鉴，努力做到激励性与趣味性的平衡兼顾。一方面，工作任务的激励性意味着工作任务的难度应与员工的胜任能力合理匹配，这与目标设置理论的基本主张也

是较为一致的。在为员工确立工作任务及目标的时候，管理者应当设定一个略高于员工当前胜任能力的目标，既使员工可以比较顺利地实现这一目标，从而感受到成就感与满足感，同时任务目标本身又有一定的难度和挑战性，需要员工付出一定的努力才能够实现。在员工发展的过程中，企业和管理者也应当创造条件，使他们可以逐步地接触到一些更加具有挑战性和价值性的工作，而不仅仅是简单重复已经完成的工作。另一方面，工作任务的有趣性也成为激励员工工作动力和热情的一个重要因素。当今企业中的员工主体是“80后”和“90后”，他们更多地把工作看作实现自身价值的平台，也更加希望以自我为主来选择自身喜欢和愿意从事的工作。正是基于对于员工主体新特征的研究，现在国内外已经有一批企业在他们的工作与组织设计中融入了游戏化的思维和一些游戏元素，如排行榜、徽章、点数、社交互动等。所谓工作游戏化，指的恰恰就是将游戏的一些特征和模式移植到工作设计中。这样一来，员工开展工作完成工作任务，就如同参与一款游戏。相对于较为枯燥和单调的传统式工作安排，游戏化的工作任务设计有可能为员工带来一种全新的工作体验，促使员工以一种探索的心态来从事相应的工作任务。

2. 在工作过程的管理中，支持性与发展性兼具

电子游戏能够产生极强的激励作用，除了游戏任务本

身的特征之外，游戏过程中也存在着一系列能够吸引游戏玩家持续参与的机制，例如游戏玩家排行榜、不断累积的得分点数、随时可见的升级进度条等。相应地，员工在企业中从事工作任务的过程，也需要管理者进行相应的设计，并提供一定的支持和发展机制。

在企业管理中，一些管理者往往倾向于关心结果而忽视过程，这就使员工个人需要较为孤单地面对工作任务的挑战，即便完成了工作也不会有很好的心理体验。因此，从电子游戏的激励机制研究中可以看出，管理者应当重视在工作任务的全过程里，对员工进行激励而不仅仅是在工作任务完成之后对结果进行激励。这种过程性的激励主要可以从以下几个方面来开展：首先，组织和管理者应重视在员工工作过程中为他们提供必要的知识、资源和信息支持。当员工在执行工作任务时，他们应该可以通过一定的渠道，获得来自企业、领导和同事给予的支持。为了保障员工能够获得工作相关的及时支持，企业应当重视知识管理和相关信息系统的建设，充分整合组织内外部的各种资源。其次，组织和管理者应当重视与改善员工工作中的反馈给予。在现代组织中，员工们从事的工作任务往往是一个大的工作系统中的细分模块，因此员工们很难看到自身所从事工作的最终效果。与此同时，管理学的相关研究也发现，人们总希望能够及时地获取到自己工作效果的反馈。因此，领导与管理者及时给予员工有关工作状况和成果的反馈，能够帮助员工直接地感受到工作目前的进展情况，并且让他们在接下来的工作中明确方向，或者调整特定的工作方式方法。可以说，及时的反馈能够更好地帮助员工发展能力、提升工作绩效。最后，企业应当充分利用信息技术和自动化技术，优化工作流程，降低工作复杂性。通过对工作流程进行简化梳理，减少员工在一些非相关工作上的投入，而使他们更加聚焦在自身的核心工作任务上。在当今的企业组织中，员工们常常要在有限的时间、精力和资源中，占用相当一部分用于处理一些烦琐的非工作事务。相对来说，电子游戏中的任务设计则非常聚焦，游戏玩家每一个完成的任务都服务于他们最终的游戏目标。随着信息技术的飞速发展，企业应当充分利用技术优势，尽可能地帮助员工从工作过程中的非相关干扰中解放出来，提升他们工作的效率。

3. 在工作奖励的提供上，价值性与灵活性兼具

在企业情境中，工作奖励往往最能够对员工产生直接的激励作用。在中国当前的经济社会背景下，物质性奖励对于员工的激励作用也不可忽视。与工作截然相反的是，电子游戏所能提供的奖励往往都是精神层面的或者是虚拟的，而很少有实在的物质奖励。即便如此，电子游戏的激励作用也依旧十分吸引玩家，这表明游戏设计者在奖励设计这一环节上也作了相应的考虑。对企业来说，在提供工

作奖励时，应当注意价值性和灵活性的兼具。从奖励的价值性来看，企业提供给员工的工作奖励不仅应该具有普适的绝对价值，而且应当注重对于特定员工的个性化价值。现代企业中员工的需求日益个性化，仅仅提供一种奖励选择通常很难满足员工们的不同需求。因此，工作任务的奖励应多样化，从而考虑到员工群体中不同的需求，如奖金、带薪假期、旅游、培训、礼品等不同的奖励形式。从奖励的灵活性来看，企业可以采用多种与游戏奖励类似的手段，使员工能够获得的工作奖励更加灵活。例如，在员工完成工作任务的不同节点上，企业就可以提供一些阶段性的奖励，而不是等到所有任务全部完成之后再提供奖励。当员工完成承接的工作任务之后，企业应当及时地给予应有的奖励，而不应该再陷入漫长的等待中。又如，奖励的获取也可以通过随机概率的形式出现，尤其是对于一些简单机械的重复性工作。这样使员工们在努力工作追求奖励的同时，又能感受到一定的趣味性，从而能够给员工提供一种新颖的奖励获取方式。最后，企业可以鼓励或者提倡员工之间相互交换某些奖励，从而实现内部的互通有无，进一步促进员工对于不同类型奖励的差异化需求。

（三）研究不足与展望

本章通过采用质性分析的方法，对电子游戏的激励机制做了初步的探索，推动了对于游戏激励这一问题的认识。

然而，本章研究依旧存在以下不足，有待在未来的研究中进一步予以改进。首先，本章仅使用质性分析的方式构建了理论模型，缺少量化的实证，尚不能够对于电子游戏激励机制的理论模型进行相应的实证检验。并且，我们的扎根研究基于35位游戏玩家的访谈数据进行，虽然进行了理论饱和度的检验，但依旧可能存在着研究对象代表性不强，从而研究结论的外部效度有所不足的情形。在未来的研究中，学者们可以对本章提出的TPR电子游戏激励机制模型进行大样本的检验和深化研究，进一步明确电子游戏的具体激励机制。其次，本章研究结果对于企业管理方面的启示未能进行深入的探讨和实践，实践价值有待检验。当前，虽然已有不少国内外的企业在组织内推动游戏化管理或者游戏化的工作设计，但整体上仍然没有十分系统的管理实践。在后续研究中，我们可以选择一些典型的推行游戏化管理的企业，通过对他们的管理实践进行更为具体深入的分析，探索和检验本章提出的理论模型。最后，电子游戏本身的类型十分丰富，不同电子游戏在激励机制上是否有不同之处，本章对这一问题尚不能够给出满意的解答。在本研究过程中，我们只是区分了单人电子游戏与多人电子游戏这两种形式，对游戏的具体类型并没有做更多的探讨，这同样有待于在今后的研究中予以完善。

第二章

理论课堂游戏化研究

电子游戏，一个让无数学生家长痛恨的娱乐方式，因为它使学生们将过多的时间和精力投入甚至沉溺其中，严重影响了学业，进而影响到了父母对孩子未来发展的预期，形成了严重的社会问题。电子游戏对学生学业影响的问题确实需要学者们持续的研究以探寻出解决方案，而我们则试图从另外的视角来审视这个现象。老子说："祸兮，福之所倚；福兮，祸之所伏。"若以此，我们是否可以找到电子游戏带给学生们的"福"呢？

其实从20世纪80年代起，就有学者开始关注游戏的教育价值，研究游戏如何激发学习者的学习动机，并试图将游戏应用于教学（Gros，2007）。90年代，教育游戏的设计、开发与应用开始受到重视。近些年来，随着移动网络和多媒体交互技术的快速发展，将游戏技术应用于教育，更成为当前教育技术学科的重要研究领域之一，并取得了一定的成绩。但将电子游戏直接应用于课堂的方式受到了质疑，甚至反对（程君青、朱晓菊，2007；尚俊杰等，

2014）。同时实践中对学习效果的提升与预期有较大差距，教育游戏的发展遭遇“瓶颈”。那么到底电子游戏能否为课堂设计所借鉴？如果可以，我们又该如何操作？

针对目前大学课堂的沉闷氛围，我们借鉴学者们从一种现象向其他领域移植的思路（高超民、汤颖，2015），依据与需求相关的研究理论（高超民、马静，2015），使用高超民等（2016）开发的电子游戏激励机制模型（TPR 模型），结合大学课堂的特点和相关理论，设计基于 TPR 模型的教学模式并进行准实验研究，以期提高大学生的课堂参与度、课堂满意度和学习效果，为大学教师课堂设计提供理论和实践的借鉴。

一、文献回顾

（一）教育游戏化理论发展回顾

近几年来，随着移动网络和多媒体交互技术的快速发展，将游戏技术应用于教育领域，成为当前教育技术学科的重要研究内容之一，并取得了一定的成绩。

大量实证研究证明，教育游戏对于激发学习动机、提高创新能力、促进学生形成良好的情感态度具有十分积极的作用。与 TPR 模型构建的思路相似，部分对教育游戏的研究重点探索了游戏激励人的原因及机制。有学者从动机的角度进行探索，如康诺利（Connolly，2011）对欧洲中学生利用平行实境游戏（Alternate Reality Game，简称 ARG）提高外语学习动机的效果进行了评估，研究结果显示，ARG 激发了学生的内在学习动机，游戏能吸引学生的要素是挑战性。而有学者（Huang，c. et al.，2010）以我国台湾地区 72 名 11 年级学生为研究对象，使用“创意风暴”（Idea Storm Cube，简称 ISC）进行的研究发现，竞争是激发学习动机的关键因素之一。吉（Gee，2005）则分析了一些视频游戏，然后分别研究这些游戏与学习的关系，讨论了好的视频游戏如何将快乐和学习结合在一起，并在后期的研究中提出了视频游戏利于学习的 36 个原因。

然而，直接使用教育游戏开展教学的方式也受到了社会部分人群的质疑甚至反对。例如有学者（Tsai & Hsiao，2012）提出，学习者的游戏动机会对学习动机产生消极影响。多年的实践证明，这种将教育游戏作为知识容器，试图以游戏来提高并维持学生学习动机的做法总是失败的，于是研究者开始探索新的应用方式，试图将教育游戏变成促进学生创造性学习的支持工具。

对于教育游戏没有达到预期目标现象的解释，我们认为，教育游戏的失败在于得电子游戏之“形”而未得其“神”。故我们认为应该借鉴电子游戏的激励机制来设计课堂，而非使用电子游戏包装课堂。

（二）电子游戏激励机制模型

笔者等（2016）使用质性研究方法构建了电子游戏的激励机制模型，研究发现电子游戏是从目标（Target）、过程（Process）和奖励（Reward）三个维度对游戏者开展持续的激励，故称为 TPR 模型。TPR 模型中目标、过程、奖励共包含 19 个范畴的规则，其中目标包含：目标明确、可以完成、高效价、没有失败、高自由度；过程包含：挑战技巧平衡、规则明确、培训及指导、指标量化、即时反馈、围绕目标、行动简单、人际关系简单、公平、建设团队；奖励包含：持续奖励、奖励概率、奖励多样性、奖励可交易。

二、理论分析与假设

从针对国内大学课堂的调查研究结果来看，教师传统授课，学生听课、记笔记、完成课后作业等仍然是主要的教学模式，多数情况下较难的问题往往变成教师自问自答，容易回应的问题则是学生群体性回答，学生课堂参与度低。如霍增辉（2011）的调查发现，课堂中学生被动参与多，主动参与少。而肖和戴森（Xiao & Dyson，1999）的调查却发现，即使是一贯被认为缺乏主动性的中国学生，事实上也喜欢启发式教学，而非填鸭式授课。另外，国外研究普遍认为，课堂讨论有助于学生建立批判性思维和自我意识，接受多元化观点，同时使得学习表现和学习体验都得到提高（Bonwell & Eison，1991）。故我们认为，学生参与度低的重要原因在于教学方法不当，在课堂中设置诸如讨论等方式改进教学方法对提高参与度应有一定的效果。

达利莫尔等（Dallimore et al.，2008）、郭佩英（2006）研究显示，对课堂参与程度进行评分并折算入课程的总成绩可以提高学生的课堂参与度，激发学习动机。目前，我国大学的课程总成绩都将平时成绩计算在内，由于大学教师在课堂上能作为奖励的资源非常有限，我们就将平时成绩作为最主要的奖励来设计课堂。依据 TPR 模型，结合大学课堂的实际情况，我们从目标、过程、奖励三个方面设计进行分析。

（一）目标设定

依据 TPR 模型，目标设定包含目标明确、可以完成、没有失败、高自由度、高效价，共 5 个原则。第一，“目标明确”意指参与者明白自己的目标或任务，这需要教师在整个教学过程中时刻让学生清楚知道完成什么目标才能获得奖励；第二，“可以完成”原则是让参与者知道给定的目标都是可以完成的，故教师要依据学生能力和现实条件来设定课堂中的目标，毕竟对于“不可能完成的任务”，学生会失去努力的动力；第三，“没有失败”原则是给予参与者未成功时不断重来的机会，考虑到课堂时间长度的限制，难以有足够的时间让学生不断重来，教师在设计时可以以不惩罚失败的方式体现此原则；第四，“高自由度”原则是由参与者自行选择任务以匹配其自身的喜好，在课堂设计上，教师应提供至少两种以上不同的任务以供学生选择；最后，“高效价”原则指除了奖励以外，通过完成目标而获得较高程度的精神满足，故教师在任务设置时，应考虑除奖励外，可以让参与者获得更多精神层次的满足，如成就感、求知需求、归属感等。

（二）过程设定

过程设定包含挑战技巧平衡、规则明确、培训及指导、指标量化、即时反馈、围绕目标、行动简单、人际关系简单、公平、建设团队共 10 个原则。

第一，按照“挑战技巧平衡”原则，教师设置的任务或目标必须与学生的能力相匹配，太容易的话参与者没有成就感，太难的话会挫伤参与者的自信心甚至形成习得性无助；第二，“规则明确”原则要求教师应在课程开始前先说明课堂的规则，比如主动回答一次问题得多少分、做一次汇报得多少分等，保证学生为了获得更多分数而尽量遵守规则，以达到课堂设计期望的效果；第三，对于所有的任务和目标，教师应提供足够的指导或信息，使得学生都可以通过努力完成，这就是“培训及指导”原则；第四，依据“指标量化”原则，教师应将学生在课堂的全部表现尽量都量化评价，让学生清楚明白每一种努力可能获得回报的具体大小；第五，“即时反馈”原则是对参与者行为的即时回应，让参与者感受到努力的回报，对学生表现即时计分，每个学生可以立即知道自己目前的得分情况；第六，依据“围绕目标”原则，教师可以把课堂上的内容都和任务或目标联系起来，如听课是为了积累知识用以回答问题，讨论是为了找出解决方案以获得分数等，把学生在课堂的一切努力引导向最终任务即平时成绩；第七，为尽量体现课堂的公平，提问时教师应使用随机软件来确定对象，抢答时按提前规定的座位顺序确定先后，规避由于教师的喜好而引起的判断偏差；第八，为保证能力差或学习态度差者跟上课堂节奏，同时以小组讨论的方式提高学习效果，要求学生以 3 ~5 人 1 组的方式自由组合为团队，得分时既考虑团队也考虑个人，使团队成员间形成相互支持、相互监督的格局；第九，使用信息化手段可以使得行动简单化和人际关系简单化，如有学校就使用平板电脑作为课堂的辅助工具，提高了信息传递的效率。

（三）奖励设定

奖励设定包含持续奖励、奖励概率、奖励多样性、奖励可交易，共 4 个原则。首先，“持续奖励”原则意味着需要将大的奖励分为多个小的目标，教师要将 100 分的平时成绩分割为3分、5分、10分，学生需要以多次回答问题、汇报等方式逐个获得；其次，“奖励概率”原则的目的是用小的奖励激起较大的动力或解决某些任务缺乏吸引力的问题，教师可将回答问题的得分设置为一定范围内的随机，如3~10分，用随机软件来确定最终得分；最后，一般的大学课堂，教师能给予的奖励只有平时成绩，故奖励的多样性和奖励可交易难以考虑，在有条件提供多种奖励的情况下亦可在课堂设置中体现。

依据电子游戏对参与者的激励效果，结合学者们在平时成绩对课堂参与度方面的理论研究成果，提出假设如下：

假设1：使用TPR模型的教学方法可以提高学生课堂参与度。

假设2：使用TPR模型的教学方法可以提高学生满意度。

假设3：使用TPR模型的教学方法可以提高学生学习效果。

三、研究设计

（一）研究方法

为检验使用TPR教学方法的效果，最好的方法是使用实验的方法，对实验组和控制组之间的差异进行严格控制。

具体来说，应首先选择同专业、基础相当的一组被试，然后将被试随机分配为 2 个班级，即实验组班级和控制组班级，由同一位教师，分别使用 TPR 模型的教学方法和传统教学法，向实验组和控制组教授同一门课程，课程结束后使用相同的测试手段和内容，对两个班级的学生参与度、学生满意度和学习效果进行检查并对比。

采用实验的方法能更好地检验因素的影响效果，但受到客观条件的限制，大学生的课程安排牵涉到其他教师安排、教室安排、公共课安排、教学任务等多方面因素，研究者难以将被试进行随机分组，故使用准实验研究的方法，尽量降低不受控因素对研究结果的影响。

（二）实验对象

借工作便利，笔者教授 A 专业 1 班和 2 班的“财务管理”课程，A 专业的 1 班、2 班各有 51 名学生，通过调取近一年来两个班的期末考试及评教数据发现，两个班级的学生在对同课程同教师评教上非常接近，经管类课程的考试成绩也无显著性差异，故选取 A 专业 1 班为实验组，采用课程为“财务管理”，选择 2 班为控制一组，课程与实验组一致。另外，笔者还教授 A 专业 1 班的“经济学”课程，故将其课堂效果作为第二个对比样本，即作为控制二组，以提供更多数据支持提高实验结果的信度。

（三）指标选择

一般认为，课堂参与指学生在课堂上能观察到的活动，如提问、回答、作业汇报等（蒋桂珍，2008）。考虑到学生回答问题可能发自主观意愿，也可能是被点名不得已，故课堂上回答问题的总数量难以客观反映学生的参与程度。主动回答问题的数量则能更好地反映主观意愿，故研究中使用学生主动回答问题的次数作为课堂参与度的操作性指标，以此测量学生的课堂参与度。

学生网络匿名评教是目前我国高校普遍实行的评价教师教学情况的一种重要方式，学生匿名评教往往可以更真实地反映学生对课堂的满意程度，可信度较高，且其分数通过教务系统就可以得到，故选择学生匿名评教分数作为学生满意度的操作性指标。

学习效果是课堂的最终目的，目前最能达成一致认可的，莫过于考试，故对于学习效果的测量，我们选择期末考试分数作为操作性指标。

（四）实验设计

控制组使用传统的教授方式，开课时即告知学生，平时成绩由教师依据课堂表现在期末时评定，课堂上教师提问时留意主动回答的同学并在课后进行记录，目的是避免让学生认为教师以回答问题次数来评定平时成绩。

实验组使用TPR模型教学方法来设计课堂：第一，开课前先联系班级学习委员，让同学们4人一组自由组合。因为A专业男生较少，而男女混合的组队方式对队员间的相互支持和监督效果比同性间更好，故要求组队原则是男生不能同组；第二，开课时宣布平时成绩的计算依据学生在课堂上的表现确定，每个人的初始平时成绩为0分，主动回答问题且回答良好的，一次得分3~5分，回答较差的，得分1~3分，答错不扣分，具体分数均由随机软件来确定；第三，个人回答问题时，该学生所属的团队其他成员也会得分，只是比其低1分，以鼓励团队内部合作而非竞争，另外对于回答较好的内容在课堂上适当引用；第四，使用纸质表格记录平时成绩，得分实时更新，学生在课间可随时查看其得分累计情况，另外对得分较高的同学和团队在课堂上公开表扬；第五，在课堂中，讲授完知识点或案例后立即提问，问题的设置与前面的知识紧密相关，确保学生可以回答，依据学生回答的情况调整问题的难度，实现技巧与挑战平衡；第六，在遇到学生抢答时，依据座位确定回答顺序，同排情况下，先中间再左边后右边，不同排的则前排优先。

四、实验结果

（一）描述统计

本章选择了SPSS 19.0软件对实验结果进行统计分析。

对于描述性统计，使用“比较均值”下的“均值”功能，对实验组、控制一组、控制二组的回答问题次数、匿名评教分数、考试分数进行描述性统计，其结果如表 2－1 所示。

表 2－1　　实验组与控制组指标均值统计

组别		答题次数（次）	评教分数（分）	考试成绩（分）
实验组	均值	5.51	94.14	80.75
	标准差	3.184	3.299	7.416
控制一组	均值	0.45	81.49	69.43
	标准差	0.832	3.546	10.629
控制二组	均值	0.47	83.08	71.73
	标准差	0.902	3.428	11.091
总计	均值	2.14	86.24	73.97
	标准差	3.087	6.590	10.941

（二）差异显著性检验

使用单因素方差分析，“多重比较”时选择“Tukey”方法，依据假设 1 内容，对实验组和控制组的答题次数进行显著性检验，结果显示实验组与控制一组、二组在 0.05 的显著性水平上均有差异，而控制一组和二组之间无显著性差异，结合检验均值差数值，假设 1 得到证明，即使用 TPR 模型的教学方法会提高学生课堂参与度。检验结果数据如表 2－2 所示。

表 2－2　　实验组与控制组答题次数差异检验

答题次数

Tukey HSD

组别（I）	组别（J）	均值差（I－J）	标准误	显著性	95%置信区间	
					下限	上限
实验组	控制一组	5.059*	0.390	0.000	4.14	5.98
	控制二组	5.039*	0.390	0.000	4.12	5.96
控制一组	实验组	－5.059*	0.390	0.000	－5.98	－4.14
	控制二组	－0.020	0.390	0.999	－0.94	0.90
控制二组	实验组	－5.039*	0.390	0.000	－5.96	－4.12
	控制一组	0.020	0.390	0.999	－0.90	0.94

注：* 表示均值差的显著性水平为 0.05。

使用与检验假设 1 同样的方法，依据假设 2 内容，对实验组和控制组的评教分数进行显著性检验，结果显示实验组与控制一组、二组在 0.05 的显著性水平上均有差异，而控制一组和二组之间无显著性差异，结合检验均值差数值，假设 2 得到证明，即使用 TPR 模型的教学方法会提高学生满意度。检验结果数据如表 2－3 所示。

表 2－3　　实验组与控制组评教分数差异检验

评教分数

Tukey HSD

组别（I）	组别（J）	均值差（I－J）	标准误	显著性	95%置信区间	
					下限	上限
实验组	控制一组	12.647*	0.678	0.000	11.04	14.25
	控制二组	11.059*	0.678	0.000	9.45	12.66

续表

组别 (I)	组别 (J)	均值差 (I－J)	标准误	显著性	95%置信区间	
					下限	上限
控制一组	实验组	－12.647*	0.678	0.000	－14.25	－11.04
	控制二组	－1.588	0.678	0.053	－3.19	0.02
控制二组	实验组	－11.059*	0.678	0.000	－12.66	－9.45
	控制一组	1.588	0.678	0.053	－0.02	3.19

注：*表示均值差的显著性水平为0.05。

使用与检验假设1同样的方法，依据假设3内容，对实验组和控制组的考试成绩进行显著性检验，结果显示实验组与控制一组、二组在0.05的显著性水平上均有差异，而控制一组和二组之间无显著性差异，结合检验均值差数值，假设3得到证明，即使用TPR模型的教学方法会提高学生学习效果，检验结果数据如表2－4所示。

表2－4　实验组与控制组考试成绩差异检验

考试成绩

Tukey HSD

组别 (I)	组别 (J)	均值差 (I－J)	标准误	显著性	95%置信区间	
					下限	上限
实验组	控制一组	11.314*	1.950	0.000	6.70	15.93
	控制二组	9.020*	1.950	0.000	4.40	13.64
控制一组	实验组	－11.314*	1.950	0.000	－15.93	－6.70
	控制二组	－2.294	1.950	0.469	－6.91	2.32

续表

组别 (I)	组别 (J)	均值差 (I-J)	标准误	显著性	95%置信区间	
					下限	上限
控制二组	实验组	-9.020*	1.950	0.000	-13.64	-4.40
	控制一组	2.294	1.950	0.469	-2.32	6.91

注：* 表示均值差的显著性水平为 0.05。

五、结论及建议

（一）研究结论

研究结果显示，使用 TPR 模型设计的课堂教学方法与传统课堂相比，可以提高学生的课堂参与度、课堂满意度和学习效果。大学课堂教学方法的改进，可借鉴 TPR 模型，从目标设定、过程设定和奖励设定三个维度考虑，遵循目标明确、没有失败、挑战技巧平衡、规则明确、指标量化、即时反馈、建设团队、持续奖励、奖励概率等原则设计课堂教学。

（二）讨论及建议

我们在实验的过程中获得了实验组学生的高度评价，同时学生们的表现也超出了预期，引起了我们的一些思考。在实验组的课堂中发现回答问题基本都是在抢答，由于课堂的时间限制，未能给全部有意愿回答的同学机会，导致的结果是同学们在课堂之外已经开始竞争，课前争相抢占较前排的位置，这与其他课程中同学占后排的情况形成巨大反差。由此可知，大学课堂沉闷氛围形成的重要原因之一，是教师的授课方法不得当，不能激发学生们的学习动力。特别是处在移动互联网的情境下，当下大学生获取信息、寻找新鲜的方法远胜上一代，我们的教师如果仍不改进激励学生的办法，日后的课堂恐怕会面对更加尴尬的局面。

在笔者所在的学校，学生的平时成绩占总成绩的30%，经常有教师抱怨课堂上缺乏激励学生的筹码，而本次实验以平时成绩为课堂奖励，获得了明显的效果，足以说明 TPR 模型具有较好的激励机制。在使用 TPR 模型设计课堂教学方面，我们认为应遵循几个重要的原则：第一，给学生恰当难度的明确目标，并给予足够的信息，确保学生能完成、愿意完成；第二，要有明确的规则和量化的指标，公平公正地对待每一个学生，让学生把成功归因于自身的努力而不是教师的偏爱；第三，即时的反馈，让学生感受到自己每一次努力带来的进步，不断强化其努力行为；第四，既要体现个人，也要体现团队，用团队间的支持和激励带动每一个人；第五，持续阶段性的奖励和奖励的随机性，是避免学生失去兴趣的重要手段，一定要充分运用。

六、研究局限与展望

（一）研究贡献

我们借用电子游戏的激励机制来设计课堂，并使用准实验的方法进行了实证。研究的贡献体现在方法、理论和应用三个方面。首先，在研究方法上，为课堂教学方法改革的理论研究提供了一种新的思路，即借鉴其他领域的理论模型来构建教育方面的理论；其次，在理论方面，我们得到了基于 TPR 模型的教学方法体系，拓展了教学方法理论；最后，在应用上，为课堂教学方法改进提供了理论依据和实践先例。

（二）研究局限

本章虽然进行了理论创新和实证检验，但仍存在三个方面的不足。首先，实验受到客观条件的限制，TPR 模型中的某些原则未能体现，故不能完全体现使用 TPR 模型教学方法的效果；其次，研究采用的是准实验方法，实验过程中遇到的一些问题未能妥善处理，如抢答过多时未给部分同学回答的机会，也许打击了学生的积极性，最终的效果会有一定的偏差；最后，研究限于大学课堂，对于中学和小学能否适用、该如何操作等均未能涉及。

（三）未来研究展望

我们在以后的工作中，拟从两个方向开展研究：一是将以本次实验为基础，改进实验规则和奖励内容，更贴近TPR模型的各项规则，以期获得更好的课堂效果；二是依据本章的成果结合中小学课堂特点，设计并实证提高中小学课堂效果的TPR教学方法。

第三章

实验课堂游戏化研究

2014年9月16日，国家最高科技奖获得主、中国科学院和中国工程院两院院士，时年92岁高龄的吴良镛，在人民大会堂全程35分钟站立为首都6000余名新入学的研究生作主题报告，有媒体称当时台下学生睡倒一片。此新闻一出，各界对于学生的做法十分愤慨，甚至于引申到对中国高等教育的批评、对年轻一代的批评。与此同时，亦有不同的观点认为，出现这样的情况不能只怪学生，如《西安日报》的“西京评论”栏目就刊出了“报告会‘院士站着学生睡着’谁该脸红”的争鸣观点。确实，随着我国高等教育的不断扩招，大学门槛不断降低，大学教育从精英教育转变为大众教育，大学的学习氛围每况愈下，尽管各种新技术、教学辅助设备的应用不断升级和更新，但激发大学生的课堂学习兴趣显得越来越困难。特别是在计算机房的实验课程，一边是老师在教师电脑前慷慨激昂地授课，另一边是学生玩手机、上QQ、看电影、打游戏，玩得不亦乐乎。这样的场景，在很多大学都不陌生。不管社会舆论如何，作为大学教师，我们不能将课堂表现的问题仅归结为学生素质问题，而应该思考运用何种方法来调动学生的学习兴趣。例如，我们应该反思，为什么学生喜欢玩手机、喜欢打游戏，却不喜欢听课?

针对大学课程的教学方法改革已是老生常谈，而我们却受启发于一种另辟蹊径的思路，即笔者等（2016）提出可以将电子游戏的激励机制应用到工作或教育中。我们需要用课堂改革实践来验证其思路的可行性，因此，我们思考的是，游戏中的哪些机制是可以应用到课堂中的? 经过对游戏激励机制模型与课堂特点的分析，我们选择了在计算机房上课的“会计信息化”课程，使用游戏的激励机制模型，设计了一种竞争的环境尝试激发学生的学习热情。

一、文献回顾

对于“会计信息化”课程的改革，毛艳羚（2015）提出了应建立完善的操作手册，同时对学生进行持续激励、扮演老师角色激励等措施。马云平等（2012）则提出应提高学生操作参与度、以就业能力需求为导向，提高学习效果。

在其他实验课改革方面，彭海云等（2012）依据当下大学生不服输、好竞赛等特点，在“程序设计基础”课程教学改革中引入了竞争机制，用实验对照的方式证明了竞争机制的效果。李晓昀等（2012）在“程序设计”课程教学中以竞争意识驱动学生，用实验班和普通班的教学效果对比，验证了引入竞争能提升教学效果。

不仅是实验课，在理论课的教学改革上，引入竞争机制也表现出显著的效果。唐群等（2009）在“病理学”教学中鼓励和推动学生之间进行竞争，发现使用竞争激励法比传统教学法的教学效果有明显提升。

是否所有的竞争方式都会有效呢？竞争方式设计不当，是否会背离预期的效果呢？何基生（2009）通过对课堂教学中竞争与合作的效果分析，提出过度竞争会产生负面效果，如对于差生而言，成功几乎是不可能的，竞争不仅不能激励他们，反倒会打击他们的自信心，降低他们的学习兴趣。

二、理论分析

何基生（2009）提出的过度竞争问题，主要的难点在于优等生和差生的基础确实是不同的，如何能让差生也觉得可以成功呢？显然，课堂引入竞争的目的是为了提高所有学生的努力程度以及学习效果，而非要将学生分为三六九等。因此，我们认为，应将竞争情景设置为勤能补拙，为所有学生提供成功的机会，让学生认识到认真的学习态度和努力对于结果的影响，并期望学生能将以勤补拙的思想运用在未来的学习和工作中。具体而言，为学生在课堂之外开放实验室，让差生可以通过努力来弥补基础或能力的不足，同时声明，只要学生按时完成任务就可以得到及格分数。

竞争产生作用的一个重要前提是过程和结果的公平，丧失公平的竞争不会带来激励的效果。然而，公平是一种感觉，由于人与人之间的差异，绝对的公平是不存在的。我们能做到的，就是让每个学生感受到竞争的结果是以客观的事实为准，而非教师的判断，即在规则面前人人平等，不会受到教师主观态度的影响。因此，设置以客观事实为标准的规则是竞争产生效果的基础。另外，让学生有明晰的努力方向是很必要的，换句话说，得让学生知道每一步如何做才可以完成任务，以避免其形成习得性无助。

与理论课堂现场回答问题不同，实验课程强调独立操作，因此同学之间的差异似乎不易分辨，特别是同学沉浸在操作过程中时，对于外界的信息接收程度大大降低，经常注意不到别的同学的进展。因此，我们认为需要公布同学们的成绩累计情况，而最好的时机，显然是每次课程开始之前。对于成绩较好的同学，其实一般不必过多激励，激励的重点应当是那些积分较差的同学，为避免部分同学掉队，同时又不能让他们觉得没面子，因此选择提醒的方式，告知某几位同学需要加快速度，而不宜当众公布分数和排名，任何同学随时可以找教师查看自己累计得分的情况。

三、实验设计

为验证引入竞争机制后的效果，实验设置实验组班级和控制组班级。受到实际情况的制约，不能将学生随机分组，只能按教师所教授的自然班级为单位进行实地实验。经对比同专业同年级两个本科班级的专业课程成绩，发现无显著性差异，与以往任课教师交流，亦未发现两个班级在学习态度上的显著差异，因此可以认为，两个班级学生的基础知识、学习态度无显著差异，通过抛硬币方式决定实验组班级和控制组班级。为提高实验的信度，为两个班级均提供课外开放实验室的条件，并明确完成任务和得分的客观标准。实验组和控制组的差异仅在于是否引入竞争的机制，具体如下：

控制组设计：按照传统的实验课方法，教师讲解并演示后，布置练习任务给学生，要求学生按教材练习，完成获得平时成绩。

实验组设计：在传统实验课讲授和演示基础上，布置练习任务给学生，告知越早完成任务则成绩越高，按完成的名次计分，期末汇总的平时成绩是全部任务成绩的平均值。

四、实验结果

整个课程中，实验组班级学生表现出超出预料的积极，每次课程是两个小时，学生没有出现迟到早退的现象，基本上都是提前半小时就到实验室了。基础比较好的学生，一般会准时离开，偶尔会推迟半小时；成绩普通的学生，至少推迟半小时甚至一个小时才离开；成绩差的学生，至少推迟一小时离开，也偶有推迟 2 ~ 3 个小时才离开的。在课程中还发现，有些同学明明已经完成任务获得分数了，下课了仍然不肯离开，其理由是要自己练习下一次课程的任务，担心被其他同学超越。有些基础不好的学生，表示每次提前半个小时开实验室有些晚了，应提前一个小时开，好让他们有更多的时间进行练习。而普通实验课面临的玩手机的问题，在实验组班级很少遇到，更多的是同学们之间的讨论和交流。在最终的上机操作考试阶段，除一个同学丢失 3 分外，其他同学全部满分提前完成。

控制组班级的表现就如同普通的实验课一样，偶尔有迟到的现象，同学们完成任务并不是很积极，按时完成任务的学生不到一半，偷工减料、拖拉现象比较严重，趁老师不注意就玩手机的现象非常普遍，甚至还有挂网络课程、看电影等。期末的上机操作考试，没有同学完全做对，有三分之一的同学考试勉强及格，极少数同学不及格。

五、结论与建议

（一）研究结论

实验的结果超出了预期，引入竞争机制引起了显著的激励效果。以学校的政策来算，平时成绩仅占总成绩的30%，课程共有15次任务，意味着每次任务中每提升1个名次大约增加0.03分，显然任务成绩的作用主要来源于同学间的对比，即竞争。与“70后”“80后”一代的大学生不同，新生代的大学生更喜欢挑战和展现自我，因此通过竞争可以激发他们更高的热情。

研究发现，实验课引入竞争机制提升了学生的学习兴趣，最终提高了学习效果。从本次实验结果来看，类似“会计电算化”的机房实验课程引入竞争机制应注意三个方面：首先，要设定客观公平的评价标准，避免教师的个人主观判断影响竞争结果的公正性；其次，应给基础差的学生提供足够的努力空间，让每一个学生都可以通过努力完成任务，同时让原来成绩差、自卑的同学坚信勤能补拙；最后，及时地向学生们传递成绩累计情况，形成良好的反馈机制，可以提高学生的成就感和自我效能感，有助于其形成更强大的自信心，同时也让其明白努力与成绩是成正比的。

（二）不足与展望

研究使用实地实验的方法，将竞争机制引入实验课课程中，激发了学生的学习热情，为实验课堂的改进提供了新的思路，为理论课堂改革亦提供了参考。然而，研究仍存在三个方面的不足。首先，使用实地实验的方法，未能将被试进行随机分组，研究结果有可能受到其他因素的影响；其次，选择实验的课程专业性太强，或许移植到其他课程设计不一定有显著效果，即外部效度可能不高；最后，单次实验的结果未必在未来实验中可以重现，因此研究结论的可靠性需要更多相同实验结果的验证和支持。因此，后续研究需要在更多的相同实验以及实验设计完善等方面进行深入探讨。

第四章

工作游戏化研究回顾

工作游戏化最早是由业界而非学术界在2010年前后正式提出并迅速推广开来（Dale，2014）。而在提出工作游戏化的概念之前，早在20世纪中期，苏联政府就尝试将游戏规则应用于工作，通过实验的方式确定了竞争、团队和自我表现三个因素并用以提高生产力。在苏联之后，美国企业在20世纪末到21世纪初也曾试图将游戏的机制应用到管理中去，与苏联不同的是，美国企业更多借鉴了儿童游戏，从竞争性因素和游戏性因素进行了探索（Nelson，2012）。

由于工作游戏化（Work Gamification）的研究处于萌芽阶段，相关概念的界定尚有不同观点，包括工作游戏化概念本身。目前对于工作游戏化较为流行的定义是：组织通过有选择地实施游戏设计和游戏互动的原则，将某些工作流程转化为游戏一般的体验（Oprescul，Jones & Katsikitis，2014）。亦有学者定义为：由雇主在工作环境中推行的一种游戏，旨在帮助实现雇主的目标与意图（Mollick & Rothbard，2014）。与其相似，国内有学者认为“游戏感”是工作游戏化的核心（冯绚，2016）。而笔者则认为，工作游戏化应是将游戏的激励机制应用在工作设计中，使工作像游戏一样吸引人。

一、工作游戏化结果变量

工作游戏化的学术研究成果在数量上并不丰富且结论尚不完全一致，但工作游戏化对工作绩效和工作体验的积极效果是得到证明的。例如，哈马里等（Hamari et al.，2014）的研究表明，游戏化可以产生积极的影响，且这种影响与游戏化实施的背景以及用户有很大关系。利贝罗特（Lieberoth，2015）使用实验组和控制组共 90 名学生开展实验室实验，研究发现在游戏情境中被试的兴趣显著提高。

目前，关于工作游戏化的研究可以分为“工作游戏化的效果”和“游戏化为何有效”两个大类。在效果方面，研究主要以员工心理与工作绩效两类结果变量为关注点，其中心理层面被关注到的因素有情感体验和工作动机。情感体验方面，莫莉和罗斯巴德（Mollick & Rothbard，2014）针对员工对于工作游戏化举措是否认可，研究工作游戏化的效果，在一项针对销售任务的现场实验和一项实验室实验中均加入游戏化举措进行对照。实验结果显示，只有当员工对于主管所施行的游戏化有较高的认可时，其情感体验才会更积极、工作绩效才会更出色，而缺乏认可时，工作游戏化反而会起到负面作用。弗拉特拉等（Flatla et al.，2011）通过在交互系统校准工作中使用对照实验发现，在不影响数据质量的情况下，游戏版本明显比常规的校准程序更令人愉快。工作动机方面，利贝罗特（Lieberoth，2015）的研究发现，实验组和对照组内在动机的大部分维度（如价值感、重要性、自主性等）和自由选择阶段的行为都没有显著差异。

绩效方面可归类为质量及数量和效率两个维度。如有学者（Jung、Schneider & Valacich，2010）在一项群体合作解决问题的任务中加入了设定目标与绩效实时反馈等游戏机制，并在随后的一系列实验室实验中发现，游戏情境下的被试无论是绩效还是团队合作程度都有显著的提高。艾奇霍夫等（Eickhoff et al.，2012）针对众包类工作常常出现欺骗或敷衍了事的情况，对众包类工作进行了设计优化，以期提升可靠众包员工的比例，实验结果显示，加入游戏化元素可以形成更低付费率且质量更高的工作方案。法赞等（Farzan et al.，2008）为鼓励员工积极参与公司内部社交网站建设，在网站中引入了贡献点数和等级机制，发现员工与未引入游戏化元素前相比，更积极地向网站添加内容。托姆等（Thom et al.，2012）则反其道而行之，通过取消企业社交网络服务中的积分、等级等游戏化元素，研究用户的行为，发现取消游戏化元素后用户的参与度显著降低。

二、工作游戏化激励机制

虽然学界在游戏化的影响方面有了诸多研究，但对于工作游戏化效果成因方面的研究成果则相对较少（Hamari et al.，2014；Putz & Treiblmaier，2015）。对于游戏吸引人的原因，赫伊津哈（Huizinga，1938）认为人类文化自身就有着游戏特征，游戏的主要特征表现为自由自愿、具有非功利性，以及独立于“平常的生活”而只在特定时空范围内发生，而“魔圈”就是指游戏所发生的特定时空范围，是一个有形或无形的游戏场地，进入该范围后，人们与现实世界暂时隔离，态度和行为遵循该游戏世界的规则。后续也有学者认为通过精心设计的游戏机制可以把人们带入“魔圈”（Tan，2011；Rughinis，2013）。里格比和赖安（Rigby & Ryan，2011）则提出是因为视频游戏满足了人类的三大基本心理需求，并且这种满足是具有即时易得性（immediacy）、高确定性（consistency）和密集性（density）的，在游戏提供的虚拟世界中，由于少了现实世界的诸多限制，玩家获得了更多的自主选择权，例如选择自己的身份角色、任务活动以及采取的策略等，并且玩家在游戏中都会被给予充分的关注与认可、支持，以及能够对他人施加影响。而对于工作游戏化理论滞后的原因，里格比和赖安（Rigby & Ryan，2011）认为在于游戏、乐趣等相关心理机制本身研究不充分。也有学者（Werbach & Hunter，2012）用心流理论来解释游戏体验，他们提出，任务难度（或挑战）与个体相应的技能相匹配并都处于较高水平时，个体更有可能产生心流体验，这一规律也被广泛用于游戏设计以及游戏化实践，来保证玩家有更高的投入度和良好的游戏体验。高超民等（2016）则以电子游戏为研究对象，使用质性研究的方法构建了电子游戏激励机制模型，从目标、过程、奖励三个维度完整描述了电子游戏激励机理，发现了诸如概率性奖励、奖励可交易等传统激励理论之外的因素。

三、工作游戏化应用

工作游戏化实践应用与理论研究相辅相成，业界的实践往往为理论研究及完善应用奠定基础。国内外开展工作游戏化实践的企业已非常广泛，国外如 Microsoft、T - Mobile、Playvox、Seriosity、Deloitte 等，国内如盛大公司、网龙公司、步科公司等（冯其洪、石金涛，2012；苑木辛、于中江，2015；赵有强、孙雨晴，2015）。应用研究方面，李志军等依据理论推导形成了初步的游戏化管理构思（杨月坤，2012；吴清津、王秀芝，2012；李志军、周爽、孙毅，2012；罗文豪、孙雨晴、冯蛟，2016），做出了理论假设，为业界实践和实证研究提供了理论参考；其后，冯其洪等以案例研究的方式对前人的假设进行了实证并完善（冯其洪、石金涛，2012；苑木辛、于中江，2015；赵有强、孙雨晴，2015；杨振芳、孙贻文，2015；王泽宇、杨慧，2016）。

四、总结与展望

从目前国内外的研究现状来看，游戏化对工作的积极影响得到了一些实证支持，但工作游戏化的理论研究仍处于探索阶段。首先，工作游戏化对于员工绩效、满意度等影响机制尚不明确，亟待明晰其作用机制，即工作游戏化的何种特征异于传统激励措施而改变了员工的工作绩效或工作满意度。明晰工作游戏化有效的机制，对于未来研究有拨云见日的重要意义。其次，学者多从单因素对结果变量的影响进行实证，但各因素相互作用效果并未明晰，辨别各种措施的作用效果尚不明确。最后，采用实地实验的研究仍甚为难觅，而实验方法是检验理论并实践应用的重要途径。

总体而言，工作游戏化是一个较为宽泛的概念，与现有的激励理论有不少重叠，亦有现有理论未涉及之处，而工作游戏化的理论研究均处于起始阶段，寻找游戏的激励机制向工作设计转移的影响因素仍处于探索阶段，构建完整的游戏化工作设计理论体系尚无可能，距离理论成熟还有较大的空间和距离，但依据单因素进行工作游戏化的研究和实践是可行的，也是理论完善过程中必经的阶段。笔者曾以概率性奖励作为激励方式，探索该单因素的理论体系、边界及应用等，而诸如奖励可交易等亦可作为研究主题，虽缺乏系统性理论，亦未见有用于员工激励的实践。但电子游戏使用概率性奖励显示了其具有比期望值更高的效价，即获得了溢价的激励程度，同样使用概率性奖励而形成的溢价现象在一些社会现象中也可以找到。例如彩票，参与者愿意且长期愿意以明显高于期望值的价格购买彩票。依此我们可以推断，同样的奖励使用概率性的奖励机制，可以实现更高的激励程度。

长期以来，组织为员工提供什么样的待遇福利，均由组织单方面决定。目前虽然有组织实行自选福利等激励方式，但仍属单向，即员工只能以某种条件为代价而获得。若将福利待遇等统称为奖励，则组织的奖励是否员工所需？员工是否能更换奖励？员工与组织如何进行奖励交易？员工之间应如何进行奖励交易？这些问题尚未获得关注。从笔者等（2016）的研究成果可知，电子游戏中游戏者可以与 NPC 进行交易，出售获得的奖励，依此让奖励更好地匹配需求，进而使游戏者获得更高的平衡感。由此可以认为，组织中应允许员工出售和购进其奖励，如将带薪假期出售为现金、购进专业培训机会、将旅游机会交易为特定礼品。显然，目前组织已经在部分地实施某些奖励的交易，如国家法定节假日加班的，给予一定比例的额外薪资，但这些的交易仅是零散的举措，尚缺乏相应的理论系统，需要开展相关研究。

若以奖励交易来拓展工作游戏化理论，可以在当下前沿的自选福利理论基础上进一步推动员工薪酬福利等相关理论的发展，完善现有的激励理论体系，进而引领工作游戏化理论的发展。当下新生代员工逐步成为职场主力军，而工作游戏化更契合新生代员工的工作价值观，将奖励交易这种游戏中才能体验到的乐趣移植到工作设计中，可以更好地激励新生代员工，提高其满意度，降低员工流失率，提高企业绩效。比如可从以下角度开展研究。

员工与组织奖励交易：员工与组织进行奖励交易的目的是为了匹配奖励与需求，而员工需求被满足的程度越高，其满意度越高，进而带来一系列诸如效率提高、态度改善等正向结果。然而是否奖励交易就一定会带来前述的正向结果呢？是否有些奖励的交易会带来负面的效果呢？从奖励交易到满意度的过程机理是怎样的？

员工间奖励交易：谷歌公司允许甚至支持员工将自己的假期捐给那些更需要时间照顾家庭的同事，虽是捐献，但其奖励转移的特征却与电子游戏如出一辙。组织是否应允许员工之间进行奖励交易呢？如是否应允许 A 员工将自己的休假转卖给 B 职工呢？深入来说，组织应当允许员工交易哪些类型的奖励呢？哪些奖励的交易会给企业带来正面的效应，又有哪些会带来负面效应呢？员工间奖励交换带来正面或负面影响的机制又是怎样的呢？

第五章

概率性奖励探索研究

电子游戏的魔力无须多言，而其激励游戏者的方式，近几年才逐步为学者所关注，“工作游戏化”的概念逐步浮出水面，学者们试图让工作变得像游戏一样让人迷恋（Connolly et al.，2012；Kharrazi et al.，2012；高超民等，2016）。而“工作游戏化”的概念仍缺乏广泛认可的内涵，我们更倾向于“工作游戏化指借鉴电子游戏的激励机制以用于企业管理”的观点（高超民等，2016）。英国学者汤姆·查特菲尔德（Tom Chatfield，2010）提出，电子游戏的奖励特征中，不确定性是推动游戏者持续参与的终极动力。国外学者称这种奖励方式为“概率报酬”（Probabilistic Reward，Horner，1987），国内学者则将称之为“概率性奖励”（高超民等，2016）。从电子游戏对参与者的激励效果来看，工作游戏化的应用效果可能引发企业激励措施的革新风暴。若依据汤姆·查特菲尔德（2010）的观点，概率性奖励显然是游戏激励的重要组成部分，那么概率性奖励是否能应用于企业管理呢？

依目前所了解的情况来看，没有哪家企业是以抽签的形式决定给员工发多少工资的，也没有哪家企业给员工发的奖金是由电脑随机决定的。对于任务或投资的回报，人们期望固定明确还是存在不确定性呢？经济学创造出“风险偏好”的概念，以描述个体对不确定性的倾向程度。由此可知，人们并非对不确定性的回报完全抵触，电子游戏的概率性奖励亦反映了人们对不确定性回报的喜爱。然而，人们在何种情境下会喜爱不确定性回报？又在何种情境下会规避回报的不确定性？又应如何设置奖励的概率才能达到最好的激励效果？与概率性奖励操作层面相关的举措缺乏理论支撑，需要我们对其进行探索研究。

由于学术界对于概率性奖励的研究较为少见，我们在回顾多个领域与概率性奖励相关研究的基础上，进行了理论推导并提出了假设，采用实验室实验的方法对假设进行了检验，得到的研究结果与我们传统的直觉判断有一定的差异，为工作游戏化概率性奖励的研究奠定了基础，为业界尝试使用概率性奖励激励员工提供了一定的理论依据。

一、研究评述与假设

传统经济学认为人们是规避风险的，如普拉特（Pratt，1964）以经济体支付金钱以降低风险的意愿来代表其风险厌恶程度。莱恩和切雷克（Lane & Cherek，2000）认为人对非风险目标有强烈的偏好，即使非风险目标的期望值更低，并使用实验的方式进行了实证。

前述的研究似乎证实人们真的倾向于规避不确定性，然而，真的是这样吗？人们规避不确定性是否有假设条件和边界呢？

事实上，医学界的探索则尝试用概率性奖励来探索或甄别精神方面的疾病。例如，皮扎加利等（Pizzagalli et al.，2008）以18名双相情感障碍患者为实验组和25名普通人为对照组，发现了他们在概率性奖励悬赏任务表现上的差异。皮扎加利等（Pizzagalli et al.，2009）又以23名抑郁症患者为实验组和25名普通人为对照组，以获得概率性奖励时的反应判断其享乐能力，发现了实验组和对照组的显著差异。实验选择用概率性奖励而非固定奖励，是因为实验者都将概率性奖励的激励效果高于非固定奖励作为基本假设，实验结果显示这个假设是得到支持的。

与医学界研究结果类似，笔者等（2016）在对电子游戏激励机制进行研究时发现，概率性奖励是电子游戏奖励激励的重要手段。另外，参与赌博、购买彩票、网络抢红包都是个体主动参与概率性奖励的现象。

对于不确定性，个体到底是倾向与规避还是追逐呢？或许周业安等（2012）的研究说明了部分原因，其实验结果表明个体的风险厌恶偏好受到家庭收入等经济条件的显著影响。

由此提出**假设 1：风险偏好与个体经济条件正相关。**

不确定性的程度即概率又是如何影响个体选择的呢？汤姆·查特菲尔德（2010）认为，电子游戏中广泛采用概率性奖励，在恰当的奖励概率的情况下，不确定性是对大脑最好的激励。那么到概率是多大时才是最恰当的呢？李等（Li et al.，2016）通过将感应器植入大脑深部并使用 5 种概率性（0～100%）货币奖励的方式研究事件响应，报告显示响应最快的概率既不是 0 也不是 100%，而是 50%。而汤姆·查特菲尔德（2010）讨论游戏设置时提出，普通回报的最佳概率是 25%，较好的回报应是 10%，最好的回报则是 1‰。李等（Li et al.，2016）的实验与电子游戏在概率方面差别的原因或许是因为成本不同，在他们的实验中，参与者几乎不会产生成本的概念，而电子游戏的时间等成本往往是玩家比较在意的。依次推测，若将概率性奖励应用到工作环境中，其工作成本更为显而易见，因此多大的概率会产生最佳激励效果仍需谨慎探索。

由此提出**假设 2：特定期望值在某一特定概率下对对象产生最大的激励效果。**

依据期望理论，在同等的期望值下，不同概率的奖励目标会产生同样的激励效果，然而彩票行业显然不符合前述推论，人们非常清楚、乐意并且持续地用两倍甚至数倍期望值的价格购买彩票。或许依据昆达（Kunda，1987）和卡尼曼和特沃斯基（Kahneman & Tversky，2010）的观点可以进行一定程度的解释。昆达（1987）提出人们会过高地估计好事情发生在自己身上的概率，而卡尼曼和特沃斯基（2010）提出人们在作决策时依据的是主观概率而非客观概率，因此才出现了不符合期望理论的购买彩票行为。显然彩票使用概率性奖励的方式，对购买者形成了较高程度的激励。另外，彩票的单价往往非常低廉，结合周业安等（2012）的研究成果，可以推测，个体只有在代价较小时才选择概率性奖励。

由此提出**假设 3：在效价较小且同等期望值的情况下，概率性奖励比固定奖励有更好的激励效果。**

二、研究设计

由于是探索性研究，因此本研究采用了实验室实验的方法，以寻找定量文字录入工作人员为由，参考研究者所在地行情，承诺为被试每小时提供 9 元的固定报酬和 1 次抽奖机会，抽奖共有 5 种选择，奖励金额分别为：2 元、4 元、8 元、16 元、32 元，其中奖概率分别为：1/2、1/4、1/8、1/16、1/32。告知被试，由于研究者即将赴国外进修半年，其酬劳将由助理按时发放，由于抽奖存在不确定性，因此请被试在面试结束时即按照 30 小时的工作量进行 30 次抽奖。抽奖之前先对被试的风险偏好进行测试，参照周业安等（2012）的实验方法进行，以推测被试的经济条件。

抽奖方式是由被试每次选择一个特定概率的抽奖盘，抽奖盘事先由工作人员在手机 App 中设置好备用。抽奖过程中由工作人员记录被试每次选择及中奖情况，结束后请被试在记录上签名。

最后由研究人员询问被试：“我们的项目大约要进行一年，还有很多文字需要录入，我们希望文字录入的人能更开心，如果以后长期找你做文字录入，你是希望拿固定每小时 10 元的报酬，还是今天的这种方式？”为达到真实效果，实验过程中研究人员未告知被试和工作人员真实的目的，所有实验结束后，才告知所有被试及工作人员项目的真实目的并解释原因、向被试及工作人员致歉。

考虑到实验设计中工作的特点及被试的易获得性，选择了实验者所在地的 A 高校学生。为避免由于实验者与被试熟悉而影响实验结果，考虑到工作人员亦是 A 校的学生，因此由工作人员负责从其所在班级或者协会招募被试，通知被试在指定时间到指定地点面试，共招募到 15 名被试。

三、实验结果与发现

首先，针对假设 1，实验结果显示，所有被试的风险偏好测试结果与抽奖选择均无对应关系。我们推断假设 1 未得到验证的原因可能有两个：一是风险偏好测试方法信度不好，使用假设询问的方式，其选择结果未必代表被试真实想法；二是风险偏好的形成受到其他因素较大的影响，如过往经历，这在其他的发现中得到了证实。

其次，针对假设2，我们起初的推测是：经过多轮选择后，由于被试的风险偏好是固定的，被试应固定抽取某一特定概率的选择。然而，所有被试的选择风险均成波浪式变化，没有出现固定选择。因此假设2亦未得到验证。实验结果显示，当被试中奖后，往往选择更低概率更高奖励的选项，2~5次抽奖均不中后，又会选择更高概率更低奖励的选项，依次不断往复。

再次，针对假设3，抽奖结束后被试均选择愿意以固定加抽奖的方式获得回报，因此可以认为假设3得到了验证。另外，在告知被试固定9元的报酬时，被试表情无变化，而在被试抽奖时，均表现出明显的紧张情绪，所有被试无一例外地将仅写有“2元、4元、8元、16元、32元”5个金额的A4纸一直拿在手里，每次选择前都要反复看，对于期望值仅为其固定报酬1/9的奖励，表现出极高的投入程度。被试的前述表现亦可佐证我们设置的概率性奖励比固定奖励有更好的激励效果。

最后，从研究结果我们初步发现了其他一些值得关注的现象。一是被试在选择高风险选项时，最多连续失败5次就会转而选择低风险选项，即被试在连续失败最多5次的情况下会引发其自信心的下降。二是被试在前期越早中奖，则其后续承受失败的表现就越好；相反，前期中奖越晚，其后续承受失败的表现就越差。三是被试最早中奖的第一或第二选项，往往会被其认为是自己的幸运数字，在后续连续失败时，被试往往会选择自己认为的幸运数字。从概率的角度而言，选择次数越多，中奖的次数就越多，因此又进一步强化了被试幸运数字的信念。四是被试会受到其他被试中奖结果的影响，当听到甚至看到其他被试中奖的情况后，会增强其自身的信心。面对随机性事件，显然，这种自信心是非理性的，而其受到别人影响而增强自信心的情况则显得更加非理性。

四、管理建议

人类有两个貌似矛盾的特点，即生理上寻求安逸而精神上又追求刺激，追求刺激和寻求安逸是否能同时实现？一般来说，追求刺激就会影响安逸，但也有例外，例如玩手机，能让身体在安逸的状态下通过获取各种网络信息而寻得精神刺激。某种意义上来看，概率性奖励对于参与者来说也是一种精神刺激。人们总是容易厌倦一成不变的东西，希望有改变、有不确定性，以获得惊喜和刺激。如果我们一出生就获知今生所有的遭遇且不能改变，恐怕我们会觉得生无可恋，而如果一切都是不确定的，我们的生活将寸步难行。因此，我们追求的，其实是在稳定生活基础上的不确定性。实验研究的结果也显示，在不影响稳定生活的情况下，人们倾向于选择概率性奖励来获得回报，同时也获得了精神刺激。由此结合研究结果，对于概率性奖励的设置提出以下建议：

（一）概率性奖励的适用范围

概率性奖励适用于代价较小的情景，其奖励的期望值也就较低。例如，针对上班迟到的问题，以往企业实行的全勤奖效果大多不理想，可使用按时上班可抽奖的方式激励员工。较大报酬的任务要使用概率性奖励进行激励，则应将奖励分为固定部分和概率性部分。例如，业务销售提成，仍要以固定比例为主，每个业务单位或多个业务单位完成后进行概率性奖励一次。

（二）概率性奖励对工作任务作用的关键

显然，实验中被试表现出的紧张是因奖励结果的不确定性而产生的，并非针对工作任务，因此，若不能将概率性奖励与工作目标挂钩，奖励不一定能对完成工作任务形成激励。我们同意相关学者对于概率性奖励应用中与工作目标挂钩的观点，对员工能否参与概率性奖励进行条件限制。条件可以为任务完成时间、数量、质量，抑或客户满意度等。

（三）奖励概率的设定

从实验结果可以推测，对于效价较小的奖励而言，太低的中奖率会迅速降低员工的兴趣，多次连续挫折也会降低员工的信心。考虑到实验中被试一般在连续失败的情况下不会坚持超过 5 次，同时结合李等（2016）实验中发现 50% 概率产生最佳激励效果，我们认为管理者应当设置小于等于 1/2 且大于等于 1/5 的中奖概率，或者参照实验中的多选项设定，即为员工设置多种概率的选项供其选择，以实现信心和风险的自动匹配。

（四）奖励平台的公开和信息交流

通过实验发现，中奖信息的交流会提升其他人的信心。因此，可将中奖信息在相关工作 QQ 群或微信群公开发布，以提升全体员工信心；同时，对于那些未达到抽奖参与限制条件的员工来说，了解到别人中奖的信息，对其亦是一种触动。与其类似的，售卖彩票的店面经常公布在其处购买而获得高额奖金的中奖信息，其目的无非是激励未中大奖和未参与的群众来此购买彩票。另外，概率性奖励在实业中的应用非常少见，理论研究处于探索阶段，各环节的设定需要不断尝试和反思，因此，通过接受参与员工甚至未参与员工的各种信息反馈，可以促进概率性奖励模式的完善，进而产生更高的激励效果，同时还为学术研究提供更多的借鉴。

（五）降低未中奖带来的挫折感

概率性奖励虽然能更好地激励员工，但也可能由于持续未中奖而使员工产生挫折感甚至不公平感，因此需要考虑人的特点，设计相关规则以降低未中奖而带来的挫折感。一方面，实验中发现，员工前期越早中奖则其后续承受失败的表现就越好；反之，越差。或许我们可以用首因效应来解释这种情况。从这个角度而言，概率性奖励的初期，应鼓励员工选择低风险选项并同时适当提高中奖概率，让员工形成易中奖的首因效应，提高其未来抗失败的能力。另一方面，从实验发现来看，人的风险偏好是可以塑造的，并非稳定的特质，因此管理者应充分运用这个特点，塑造员工适当的风险偏好以与企业实际情景相匹配。具体做法可以调高某风险程度选项的中奖概率并降低其他选项的概率，持续一段时间后，即使将概率调回正常水平，员工也会倾向于该选项。

（六）避免习得性无助和被迫参与感

从概率的角度而言，一个人选择一个低风险选项而持续不中奖的可能性是存在的，在持续多次不中的情况下，员工会形成强烈的挫折感，甚至形成习得性无助，如此概率性奖励则产生了负向的激励效果。因此，企业可在抽奖平台方面做好监测，当一个员工持续多次未中奖时，应及时提高其中奖概率，直至其中奖，再将概率调整为自然状态。另外，亦可设置概率为 1 的选项，为个别员工提供“局外人”的位置，避免其产生被迫参与、总是吃亏的想法，若概率性奖励设置恰当，“局外人”的角色不会持续太久，他们终究会被不确定性所吸引。

五、不足与展望

本章使用实验的方法探索了概率性奖励的理论领域，验证了在效价较小且同等期望值的情况下，概率性奖励比固定奖励有更高的激励效果，同时发现了员工在风险偏好、主观认定奖励概率、信心往复等方面的特点，并依据研究结果提出了概率性奖励在企业中进行实际应用的建议，为概率性奖励的企业应用和理论研究奠定了基础。

但作为一个探索性研究，尚存在两个方面的不足：一是目前概率性奖励研究尚属萌芽阶段，相应理论基础匮乏，如固定回报与概率性奖励的比例分配缺乏理论基础，奖励概率设定缺乏理论基础等；二是实验室实验受时间、空间等限制，部分成果仍需在企业开展实地实验以进一步检验其稳定性。

未来概率性奖励尚有诸多未知亟待学者们探索，我们认为大致可以分为三个阶段：首先，与企业联合开展实地实验，初步了解概率性奖励的应用条件、边界及可能产生的负面影响；其次，在概率性奖励应用条件的限制下，对奖励概率、奖励额度、工作目标与奖励时间差等多个因素对员工被激励程度、员工满意度等关系进行量化分析，以明确各自变量对因变量的影响方向及强度；最后，结合企业管理实际情况，形成理论应用和理论研究互相支撑、互相促进的局面，不断推进激励理论的发展。

第六章

概率性奖励系统研究

专注探讨数字文化的英国作家汤姆·查特菲尔德在2010年TED演讲时提出，游戏奖励大脑有7种方式，其中奖励的不确定性是推动游戏者持续参与的终极动力。其实，不确定性的奖励并非只在电子游戏中出现，社会熟知的彩票、赌博都是使用不确定性回报的典范，另外近几年来流行的网络抢红包，也遵循了不确定性的原则。参考国外称此类不确定性奖励为“概率报酬”（Probabilistic Reward），我们称之为概率性奖励。彩票是应用概率性奖励的典型模式，公众愿意支付显著高于期望值的价格去购买彩票，说明其实现了超过期望值的激励效果。结合分析其他使用概率性奖励的模式可知，概率性奖励带来的激励效果一般而言是超过固定奖励的。

从管理的角度而言，我们无意探究人们热衷概率性奖励的原因，而期待能将概率性奖励的模式应用到组织管理中来，可以以较低的期望值达到较高的激励效果，实现激励的溢价。事实上，早在1980年，美国某企业针对员工的缺勤问题进行了一项实验，考虑到固定的全勤奖对员工缺乏吸引力，设计了为按时上班的员工提供概率性奖励，实验结果是缺勤率降低了 50%。由此，我们思考的是，应如何设计概率性奖励系统以激励员工？因此，需从激励的视角探索概率性奖励系统的特征。

由于管理学界对于概率性奖励的研究较为少见，因此在回顾心理学、医学、教育、电子游戏、彩票等领域相关研究的基础上，界定了概率性奖励的概念，并在此基础上，使用序贯访谈法对概率性奖励的特征及应用范围进行了扎根分析，得到了相应模型。作为一个探索性案例研究，可为研究组织管理中的概率性奖励提供理论基础，亦可启示组织探索使用概率性奖励激励员工。

一、文献回顾及概念界定

在对赌博研究的基础上，克里斯蒂安·惠更斯 1657 年发表了《论赌博中的计算》，创始了概率论，在此之前，概率一直被认为是与赌博相关的庸俗概念。赌博中的概率，代表了输赢的不确定性和参与者面对的财产风险。而传统经济学认为人们是规避风险的，并使用风险厌恶程度表示人们支付金钱以降低风险的意愿。莱恩和切雷克（Lane & Cherek，2000）使用实验的方式研究了概率奖励条件下人的风险规避，实验显示被试者对非风险目标有强烈偏好，即使非风险选择的期望值更低。

然而人们真的是在任何条件下都规避风险和不确定性吗？医学上，以概率性奖励比固定奖励效果更好为基本假设，试图用概率性奖励任务来探索或甄别精神方面的疾病，如皮扎加利等（Pizzagalli et al.，2008）以 18 名双相情感障碍患者为实验组和 25 名普通人为对照组，试验他们在概率性奖励悬赏任务上的差异。皮扎加利等（Pizzagalli et al.，2009）又以 23 名抑郁症患者为实验组和 25 名普通人为对照组，以获得概率性奖励时的反应判断其享乐能力，发现了实验组和对照组的显著差异。

或许对于电子游戏的研究成果可以验证医学实验的假设。在对于电子游戏奖励机制研究的基础上，汤姆·查特菲尔德（2010）提出，奖励的不确定性是电子游戏对大脑最好的激励，设计好恰当的概率是关键。同样的，国内学者在对电子游戏激励机制进行研究时发现，概率性奖励是电子游戏奖励激励的重要手段，并依据概率性奖励与分享经济模式人力资源的特征构建了相应的激励模型。相似地，参与赌博、购买彩票、网络抢红包都是个体主动参与概率性奖励的现象。

脑电生理神经心理学的研究成果印证了概率性奖励比固定奖励更具吸引力。李等（Li et al.，2016）通过将感应器植入大脑深部并使用五种概率性（0～100%）货币奖励的方式研究事件响应，报告显示响应最快的概率既不是 0

也不是 100%，而是 50%。而巴赫、西蒙斯和巴恩斯（Bach，Symmonds & Barnes，2017）则使用人类脑磁图（MEG）分析了大脑对于概率性奖励在时间和空间上的响应。长期以来，在抑郁症的诊断、治疗方面，概率性奖励的使用非常常见（Rutledge et al.，2017；Linke & Wessa，2017）。另外，概率性奖励还被用作多种场景，如博伊尔、杜利和库尔曼（Boyle，Dooley & Kuhlman，2017）使用概率性奖励检验炎症与大脑对奖励信号处理的关系，杜克、沙哈尔和奥舍（Duek，Shahar & Osher，2018）使用概率性奖励/惩罚检验抑郁型人格对于学习的影响，惠顿、莱宁和斯莱夫斯坦（Whitton，Reinen & Slifstein，2018）使用概率性奖励预测抑郁症患者对于多巴胺激动剂的反应，还有学者使用概率性奖励检测网瘾组与对照组的差异（Tian，Tao & Zheng et al.，2018）。

如何看待前述两种貌似截然相反的观点，即个体到底是倾向于规避风险和不确定性，还是追逐呢？风险敏感理论（Caraco，Martindale & Whittam，1980）认为，决策行为由“需要”驱动，“需要”指目标（Heath，Larrick & Wu，1999）或底线（March & Shapira，1992）。当现状与“需要”有一定差距时，将驱动个体出现更加冒险的行为，以期缩小甚至弥补差距（Larrick，Heath & Wu，2009；Mishra & Lalumière，2010），而当两种需要发生冲突时，底线驱动则会优先于目标（Mishra & Fiddick，2012），这与三参照点理论的观点是一致的。三参照点理论（Wang，2008；Wang & Johnson，2012）认为决策时，底线、目标与现状均是考虑条件，而其重要顺序由高到低分别为：底线、目标、现状，即个体在冒险追求目标的同时，会更极力规避底线失守的风险。

与风险敏感理论不同，齐当别模型（Li，1994，2004）则认为，个体在进行决策时，会将选项在有限的维度上进行比较，根据差异最大的维度进行选择。齐当别策略事实上是基于维度而非选项（李纾，2016）。米什拉、巴克莱和斯帕克斯（Mishra，Barclay & Sparks，2016）则提出了基于需求和基于能力的两种途径进行决策，并将两种途径统合到一个模型中来，其中基于能力的途径意指当个体具有承担更高风险的能力时则会选择更高风险。

不论何种解释，显然，个体决策时愿意承担风险的程度均会因其他条件变化而改变。周业安等（2012）的风险偏好社会性实验结果亦表明个体的风险厌恶偏好受到家庭收入等经济条件的显著影响。然而不能忽略的是，在相同的条件下，不同个体在风险选择上也是有差异的。对此，期望效用理论（Von Neumann & Morgenstern，1944）给出了解释，其认为在不确定的条件下，个体决策行为是为了获得主观价值而非绝对价值的最大化，即最大期望效用。这里的效用可以被等同为幸福感、满足感或者满意感（Friedman & Avage，1952）。

也有学者认为，相同条件、相同个体，在不同的框架下亦会呈现不同的风险偏好。预期理论（Tversky，1979）提出了“框架效应”，当使用收益和损失两种不同的框架来表述同样期望值但风险不同的选择时，个体会出现风险偏好转移的情况，并依此提出了经典的亚洲疾病问题（Tversky & Kahneman，1981），将框架效应展现得淋漓尽致。米什拉和菲迪克（Mishra & Fiddick，2012）则通过对亚洲疾病问题的分析，将框架效应和风险敏感理论进行了融合，认为风险敏感理论为框架效应提供了规范性基础。

从前述研究来看，医学领域将概率性奖励作为研究工具来使用，决策相关理论旨在解释个体承担风险的前因，而对于概率性奖励激励溢价机理探究较为罕见，或许依据昆达（Kunda，1987）及卡尼曼和特沃斯基（Kahneman & Tversky，2010）的观点可以对人们热衷于参与概率性奖励进行一定程度的解释。昆达（Kunda，1987）提出人们期望好事情更有可能发生在自己身上，坏事则不会，对于纯粹的随机事件抱有不切实际的乐观心理。而卡尼曼和特沃斯基（Kahneman & Tversky，2010）提出人们在作决策时依据的是主观概率而非客观概率。因此，虽然购买彩票者都明白其期望值是低于购买价的，但这丝毫不影响其参与的热情和毅力，因为他们的主观概率高于客观概率。显然彩票使用概率性奖励的方式，以较低的期望值实现了对购买者较高程度的激励。

由此可知，在特定的条件下，个体会为满足“需要”或实现最大期望效用而选择承担风险，即使选项的期望值相同。换言之，特定条件下，期望值相同时，个体选择承担风险即目标为概率性奖励时，可实现最大期望效用或提升“需要”满足水平。从激励的视角来看，同样的期望值时，概率性奖励的激励效果更高，有激励溢价的效果，相关的实验室实验证明了此效果（高超民等，2017）。因此，在满足特定条件的情况下，可在组织管理中引入概率性奖励作为诱因，以达到激励溢价效果。那么，特定的条件应是什么，除风险决策相关理论的解释外，是否仍有其他因素，尚需深入研究。

综合各领域对于概率性奖励系统的使用，本书将概率性奖励系统定义为：至少有两种以上结果可能性的奖励随机确定系统。

二、概率性奖励系统特征研究

（一）研究设计与数据收集

由于目前对于概率性奖励的特征尚缺乏系统的研究，本探索性研究适合选择质性方法进行。因此本章选用了理论抽样方法选择样本，使用序贯访谈法收集数据，使用扎根理论方法对数据进行分析。按照扎根理论的一般流程

(Glaser & Strauss, 1967), 对文本数据进行开放编码、主轴编码和选择性编码, 得到概念、范畴和理论（王璐、高鹏, 2010), 试图通过编码分析提出概率性奖励系统的特征模型。

鉴于概率性奖励的应用较为有限, 因此本章选择了彩票购买者、电子游戏玩家、网络问卷应答者共三类对概率性奖励比较熟悉的样本。访谈之前先依据概率性奖励的定义及研究的目的, 制定了半结构化访谈提纲, 每访谈一例即更新一次。全程使用网络视频访谈, 在征得访谈对象同意的前提下, 使用屏幕录像软件对访谈过程进行记录, 结束后转换为文字并进行编码。每访谈一位即编码一次, 当结果出现饱和的迹象后, 继续访谈多个对象以确认理论饱和, 共访谈 26 人。访谈对象基本信息如表 6－1 所示。

表 6－1　　访谈对象基本信息表

序号	性别	年龄（岁）	学历	类别
1	男	40	高中毕业	彩票购买者
2	女	42	大专毕业	彩票购买者
3	男	26	本科毕业	彩票购买者
4	男	23	大专毕业	彩票购买者
5	女	23	本科毕业	彩票购买者
6	男	35	本科毕业	彩票购买者
7	男	30	本科毕业	电子游戏玩家
8	男	33	本科毕业	电子游戏玩家

续表

序号	性别	年龄（岁）	学历	类别
9	女	19	本科生	电子游戏玩家
10	男	19	大专生	电子游戏玩家
11	男	26	硕研	电子游戏玩家
12	女	25	硕研	电子游戏玩家
13	男	22	高中毕业	电子游戏玩家
14	男	28	高中毕业	电子游戏玩家
15	女	18	本科生	电子游戏玩家
16	女	20	本科生	电子游戏玩家
17	女	20	本科生	网络问卷应答者
18	男	21	本科生	网络问卷应答者
19	女	22	本科生	网络问卷应答者
20	男	19	大专生	网络问卷应答者
21	男	40	大专毕业	网络问卷应答者
22	女	34	本科毕业	电子游戏玩家
23	男	28	大专毕业	电子游戏玩家
24	女	26	本科毕业	彩票购买者
25	男	22	本科生	网络问卷应答者
26	女	24	硕研在读	网络问卷应答者

在构建概率性奖励系统特征模型后，依据编码信息对访谈对象进行二次访谈，由其说明提出系统相应特征的理由，以用于解读模型的机制。访谈方法同样采用序贯访谈，逐个编码直至理论饱和。

（二）编码分析

使用平行编码方式对数据进行分析，由3名管理学博士分别同步编码，然后进行互换和讨论。

首先是开放编码，将原始资料打散，形成概念并进行编码，规则为PX－Y，PX表示访谈对象编号，Y表示其访谈资料中的第Y个概念。如“P2－3”表示第2个访谈对象资料中的第3个概念。经过反复讨论分析，共得到414个概念，聚为6个范畴，具体如表6－2所示。

表6－2　开放编码界定的范畴和概念

编号	范畴	内涵	典型编码例证
1	奖品吸引	全部或部分奖品对于参与者来讲有一定的吸引力，可提升参与者的某些需求被满足程度	P1－1：一等奖500万元； P7－5：有可能爆极品装备； P17－4：有时候抽中几十元； P21－2：奖品是iPad
2	底线保证	对参与者而言，最坏的结果也可以接受，底线有保证	P1－15：不中也无所谓； P3－9：损失几元钱； P19－6：多少都会有收获
3	过程公平	每位参与者都有均等的获奖概率	P2－16：这就拼运气了； P6－8：没有黑幕啊； P17－11：机会均等； P12－18：每个人机会都一样
4	结果随机	获奖的结果是随机生成的	P24－5：有可能中； P10－18：不点不知道结果； P20－16：万一实现了呢

续表

编号	范畴	内涵	典型编码例证
5	公布即时	获奖结果会在系统生成后立即公布	P5 – 18：一开奖就知道中了没有； P6 – 15：刮开就知道了； P15 – 12：一爆马上就看到了； P18 – 10：马上知道结果
6	奖励分级	奖品分成两个或更多的级别	P4 – 6：分好多等级； P6 – 6：最高中过 1000 元； P16 – 8：1 ~ 10 个金币不等； P25 – 13：有一次抢到 55 元

第二阶段是主轴编码，此阶段通过分析范畴之间潜在的逻辑关系，建立不同范畴之间的关联。经比较、分析、讨论发现，开放编码形成的 6 个范畴间存在一定的先后顺序关系。“奖品吸引”和“底线保证”是个体首先考虑的，只有满足了这两条，个体才会自愿参与到概率性奖励系统中来；“过程公平”和“结果随机”是系统执行过程中的特征，属于概率性奖励的运行阶段；而“奖励分级”是系统执行的结果，“公布即时”是系统执行后向参与者传递信息的特征，二者均是概率性奖励最终的输出。因此，按范畴的关系可分为参与激励、过程激励、结果激励三类，其中参与激励包括“奖品吸引”和“底线保证”，过程激励包括“过程公平”和“结果随机”，结果激励包括“奖励分级”和“公布即时”，如表 6 – 3 所示。

表 6-3　　主轴编码确定的范畴类属关系

编号	类属	范畴	内涵
1	参与激励	奖品吸引、底线保证	激励个体参与方面的特征
2	过程激励	过程公平、结果随机	执行过程中具备激励作用的特征
3	结果激励	奖励分级、公布即时	系统执行结果具备激励作用的特征

第三阶段是选择编码，根据研究的目的，在对类属及其关系反复分析的基础上，探讨概率性奖励系统应具备的特征。与决策行为理论强调个体选择承担风险的原因不同，概率性奖励还须兼顾个体在决策执行和最终结果方面的感受，使得个体在奖励期望值不变的情况下获得更高的“需求”满足感，并吸引个体自愿反复参与。个体在参与概率性奖励系统的过程中，受到参与激励、过程激励和结果激励三个方面综合的作用产生了最终的激励效果。因此，将核心范畴确定为“概率性奖励系统特征”，模型如图 6-1 所示。

个体受到概率性奖励系统参与激励特征的吸引而参与，在系统执行过程中感受到公平和不确定性，公平使个体获得与奖励期望值等价的满足感，而不确定性使个体获得额外的收益，结果激励的奖励分级提升了实际收益低于奖励期望值个体的成就感，结果的即时公布又使得个体期待再次参与，促使形成下一个循环。由此可认为，本章得到的概率性奖励系统特征模型有助于我们从参与激励、过程激励和结果激励三个部分来整体性地认识概率性奖励系统的特征，更好地理解概率性奖励激励效果溢价的背后机理。

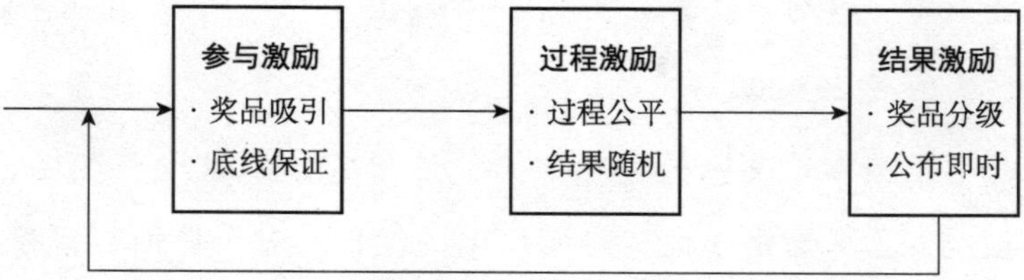

图 6－1　概率性奖励系统特征模型

（三）模型机制分析

扎根分析的结果展示了概率性奖励系统特征模型，即展示了是什么，但未能说明为什么。本研究通过对访谈对象的二次访谈，结合相应的理论分析，尝试解读模型机制，以期提高结果的稳健性。

1. 奖励吸引

个体愿意承担风险参与概率性奖励，主要原因还在于，参与的代价本来不足以获得概率性奖励系统中提供的奖品，而通过参与系统则有机会获得该奖品。例如，2 元钱本不足以换取 500 万元，但用 2 元钱购买 1 份彩票，则有可能获得 500 万元。从理论上来看，依据风险敏感理论（Caraco，Martindale & Whittam，1980），个体目标会驱动决策（Heath，Larrick & Wu，1999），而当现状与目标有一定差距时，个体会选择承担风险以追求目标（Larrick，Heath & Wu，2009）。因此，如果希望个体参与概率性奖励系统，须提供超越个体现状的奖励目标以吸引个体，驱动个体承担风险，这与访谈者的观点互相印证。

2. 底线保证

从概率性奖励的视角来看，最差的结果是没有奖励，底线即为参与概率性奖励而付出的代价。对个体而言，参与概率性奖励系统，更多的是希望在现状的基础上，获得一个实现目标的机会而不是让自己陷入困境，因此，参与的代价不能太大，这样即使没有奖励，结果也是自己可以承受的。三参照点理论（Wang，2008；Wang & Johnson，2012）对此解释与本研究访谈结果一致，即个体在决策时，不仅会考虑目标和现状，还会考虑底线，且底线优先于目标，即如果底线不能保证，个体则更倾向于放弃行动而不是选择冒险。

3. 过程公平

人们参与概率性奖励系统时已经知晓结果必然出现与付出不对等的现象，即使失败亦能接受，即所谓的“愿赌服输”。人们能坦然接受各种貌似不公平的结果却觉得公平，原因正是由于其过程的公平，即每个人获得了同样概率的中奖机会。以同等概率的方式得到不同的结果，可以让参与方都很好地接纳，这在体育比赛中非常常见，如网球比赛中以掷硬币的方式决定先发方。亚当斯（Adams，1963）详细分析了人们认为的不平等是如何产生的，并与后续多篇成果逐步形成公平理论，提出了人们认知的偏差，即与其他人相比，当自己收益高于付出时，认为是理所应当，反之则认为是不公平。因此，只有当所有人的收益和付出比率一致时，人们才能产生公平感。而在现实中，由于工作成果的差异或者付出的不同，抑或成果与付出的量化困难，很难判断是否公平，再考虑个体对公平认知的偏差以及个体判断标准的差异，均难以实现让每个人都认为公平，另外评价的主观性也容易使人产生不公平感，哪怕事实已经尽量公平了。由此可见，概率性的奖励方式使得人们面对结果差异却产生公平感，其效果源于过程的公平，这也许是人们愿意参与乃至反复参与概率性奖励系统的必要条件。

4. 结果随机

概率性奖励系统与传统固定奖励最大的区别在于奖励结果是否随机，这是其系统的核心特质，亦是其最吸引人的特征。例如，个体在购买彩票时，主要是受到大奖的吸引，不理性地依赖所谓运气，对中大奖抱有不切实际的希望，即使购买一张彩票也期待能中 500 万元。期望理论（Vroom，1964）认为激励的效果等于效价与可能性的乘积，以此分析购买彩票行为，则激励的效果应大约等于彩票的期望值。而以“普通彩票中 500 万元的概率为 1700 万分之一”的说法来计算，人们则是用 2 元的价格购进期望值大约为 0.3 元的彩票，似乎与期望理论的结论有较大差异。事实上，人们对于“美好”的向往与追逐，往往使其过高地估计好事发生在自己身上的概率（Kunda，1987）。正是由于人们这种不理性，才使真正的激励效果超过了期望理论的预计，出现了激励的溢价。

5. 奖励分级

从概率性奖励的设置初衷可知，目标奖励为吸引参与者其效价必然较高而概率较低，虽然短期有较好的激励程度，但长期会让参与者感觉概率过低，依据期望理论可知其激励程度必然下降，而急功近利的方式是难以长久的（廖建桥，2013）。原因在于过多失败会形成习得性无助（Seligman，1975），而依据程序教学的小步子原则（斯金纳，1954），积累小的进步可以更好地改善信心，让参与者以适当的概率获得小的奖励可以提高其对于最高奖励的概率估计，进而避免习得性无助，正如彩票不会只设定一个最高奖项。如果让个体以选择特定号码的方式参与系统，甚至会让参与者把纯粹的随机中奖事件误认为是自己的能力所致，即让参与者认为自己已经有能力中一些小奖了，离大奖不远了。

6. 公布即时

好奇心总是驱动人们想知晓可能性事件最后的结果，如哪位竞争者最终获得升职，哪支球队获得了冠军，女主角的真命天子究竟是谁，虽然多数情况下，这些事件的结果对个体自身并无影响。显然，概率性奖励系统总是即时将结果公布，极大地满足了人们的好奇心。另外，人们亦认为，奖励结果的即时公布，有助于其下一步决策，虽然在多数情况下，概率性奖励的事件都是独立的，如下一期彩票与前一期彩票的中奖号码毫无关系。若从工作特征的角度来看，即时公布即为反馈较好（Hackman & Oldham, 1975）。工作反馈较好时，员工的满意度较高（Colarelli, Dean & Konstans, 1987; Noor Azzah & Rudzi, 2010）。由此不难理解，公布即时有助于提升个体的满意度，进而促进其持续参与概率性奖励。

三、结论与管理启迪

研究发现，概率性奖励系统的特征可从参与激励、过程激励和结果激励三个部分进行描述。其中，参与激励有“奖品吸引”和“底线保证”两个特征，过程激励有“过程公平”和“结果随机”两个特征，而结果激励则有“奖励分级”和“公布即时”两个特征。系统以这些特征，吸引了个体积极参与，并获得了高于期望值的激励效果，最后还使得个体有较强意愿再次参与，形成循环。对于管理者而言，显然希望组织的激励体系能有类似的效果，以较小代价产生较大激励效果，有助于形成高绩效，并使员工产生较高满意度以及忠诚度。同时，管理者面临的现状则是：随着新生代员工逐步成为职场的主力军，他们“受奖不受罚”的特征将与原有的奖惩制度产生激烈的冲突。例如，传统员工认可按时上下班是基本的职业操守，而一位“90后”员工则提出“上班打卡很不人道”。当然不只是新生代，正常来说，员工都喜欢得到奖励而非惩罚，只是新生代更敢于表达自我诉求。

从各种组织的目标来看，企业类型的组织应更易于采用概率性奖励来激励员工。通过使用概率性奖励系统，企业管理者或可更好地引导员工自我诉求与组织需求的结合，且实现激励的溢价。

（一）参与条件

管理的目的是让员工完成特征的任务，奖励的目的是激励员工，而奖励最终还是要为管理服务。因此，概率性奖励系统的参与条件应与管理目标相结合。考虑到人们对于底线保证的要求，管理者不可以把全部工资设定为概率性发放。进一步讲，由于人们对于金钱代价的敏感，以至于将某些能与收入直接挂钩的任务目标与金钱等同视之，因此管理者其实都不可以将工资的一部分或者原有明确报酬额度的任务奖励作为概率性奖励的参与条件，否则运气不好的员工必然会产生损失的想法，对概率性奖励系统产生反感，进而产生抵触的情绪和行为。

考虑到不同员工对于风险承受能力的差异，难以做到选择一个特定的参与成本而使得所有员工都满意，最好的做法是让员工感知到参与成本为零。依据概率性奖励的激励溢价特征，管理者在原有待遇基础之上增加概率性奖励系统，投入一定额度的奖励，则回报一定是高于投入的，且对于员工而言，即使运气不好，也不会有损失的感觉。综上，组织应结合管理目标，为达到目标的员工提供原工资之外的概率性奖励。以计件工资为例，组织可以设定为，当工作量达到某目标时，除原有的计件部分工资外，员工还将获得一次额外的概率性奖励机会。

（二）结果生成方式

对于过程的公平，无须多言，显然是能让人们接受结果不公平的关键因素，因此管理者必须要制定恰当的结果生成规则并严格执行才能获得期望的激励效果。

按照每个参与者的结果是否相关，可以将奖励的分配方式分为独立概率和相关概率两种，所谓独立概率，即每个参与者能否获得奖励或奖励大小是独立随机事件，与其他参与者无关，如商场使用两种颜色的乒乓球进行抽奖，参与者若几次均抽到同种颜色则获得大奖，抽奖后乒乓球放回抽奖箱，显然下一位参与者的抽奖结果与本次结果完全无关。所谓相关概率，即每位参与者能否获得奖励或奖励大小是与其他参与者相关的。如参与者轮流从 1 ~ K 的 13 张扑克牌中抽取一张，第一个抽取的结果显然对后续的抽取结果产生影响，降低或提高了后续抽取某点数扑克牌的概率。

从管理的角度来看，使用独立概率的好处在于每位员工不会受到其他人结果的影响，而相关概率的优势在于良好的成本把控和稳定性。具体来说，当使用独立概率时，任何时候参与的员工都有同等的机会，而使用相关概率时，特定的奖励必然会在员工中产生，且其数量是固定的。这样对于组织而言可以准确预知费用，对于员工而言，特定奖励的必然出现则可以提升他们参与的兴趣。管理者应依据情景特征选择不同方式，独立概率更适用于成本较低、即使碰巧大量出现中奖也不会有太大影响的情况，而相关概率更适用于成本较高、员工更在乎是否中奖的情况。

另外，管理者可借鉴彩票选号规则，即为员工提供号码库备选或让员工按指定的规则提供号码，或许可有效地提升员工将随机中奖事件归因于自我能力的比例，进而提升其对概率性奖励系统的参与热情。

（三）奖励

对于奖励的设定，可以分为两个方面：一是奖励内容的确定，二是奖励额度的确定。

奖励的内容，即奖什么，这跟员工的需求紧密相关。首先，组织应对员工各个层次的需求进行调查，可采用深度访谈、问卷等方式开展，深入了解员工需求并结合组织实际情况来确定奖励的内容，只有设定符合员工需求的奖励，才能激发起员工的参与热情。其次，当奖励结果出来后，应让参与者共享获奖信息，以用来提升未获奖或奖励降低者的信心。最后，组织还应当提供信息反馈渠道，让获奖者可以对奖励内容提供改进建议，在以后的设定中酌情改进，以期奖励内容更契合员工需求。

奖励额度可简单分为最高奖、最低奖和中间奖。结合前述对奖励吸引的分析，显然最高奖是短期内激励效果最好的，但仅靠最高奖难以持久，因为其概率太低；而最低奖就是安慰奖，用于降低参与者的失落感，让参与者不至于感觉一无所获。位于其间的中间奖，则是为了避免参与者形成习得性无助并提升其信心的。管理者可依据具体的情景设置对应的最高、最低和中间奖，以获得短期和长期的有效激励。

对于奖励的公布，应遵循即时的原则，对于独立概率的方式而言，应在个体参与后立即公布结果，而对于相关概率的方式，应在全体人员参与后立即公布结果，避免让个体做不必要的等待，以期提高个体满意度，并有助于提升个体后续参与概率性奖励系统的意愿。

四、未来研究方向

本章使用扎根理论的质性方法对概率性奖励系统的特

征进行了分析，得到了概率性奖励系统的特征模型，并依据特征模型对组织使用概率性奖励提出了相关设想，为概率性奖励相关研究提供了理论基础，推进了工作游戏化理论体系的发展，为组织管理实践提供了新的思路。从方法论的角度而言，本章仅使用质性方法，未能使用量化方法对结果的外部效度进行检验，是研究的局限，亦是期待其他学者予以协助补充之处。

由于概率性奖励系统的研究尚处探索阶段，虽然本章构建了概率性奖励系统的特征模型，但指导实践应用仍需有细化或量化之处，尚有多方面问题亟待学者探索。首先，概率性奖励如何与传统目标型激励相结合，仍需深入研究。目前明确绩效与相应奖励的方式被广泛采纳，而概率性奖励在过程的公平、公正和公开等方面仍需具体探讨，使得应用范围或可受限，如何结合传统目标型激励以弥补概率性奖励短板，以使得概率性奖励得以普及推广，是概率性奖励应用绕不过的坎。其次，概率性奖励的应用情景尚需探讨。从概率性奖励的系统特征模型可知，概率性奖励的应用条件与传统激励有明显差异，在何种情景下概率性奖励的效果优于传统激励方式，需深入探讨并实证。最后，最高奖励、最低奖励和中间奖励的额度应分别为多少以及中奖的概率为多少，才能达到所期望的激励效果？与类似微信红包的随机比例分配方式相比，固定额度更好还是更差，或者它们分别适用何种情景？当场开奖和定期统一开奖的模式，各有哪些优缺点？应分别使用在什么样的情境下？组织使用概率性奖励系统，哪些方面的设定会影响激励效果持续的时间长度，又是哪些方面的恰当设定能避免概率性奖励的昙花一现，像彩票经久不衰一样长期受到员工的欢迎？

第七章

概率性奖励应用研究

近年来，分享经济的迅猛发展冲击着我们的思维，成为移动互联促成的一个重要商业模式。然而，分享经济模式在人力资源管理方面存在的问题也是显而易见的，其缺乏严格的管理制度约束以至于被称为半契约型人力资源管理（高超民，2015），存在着松散的特点（程熙鎔等，2016）。与其相似，随着移动互联改变信息沟通的效率，电子信息交流逐步替代面对面交流，新的工作结构正逐步更新原有的工作方式。虽然，在移动互联的情景下，多媒体信息实时互动，大大提升了工作效率，但这种以网络为主要沟通渠道的工作方式，必然产生有异于传统的面对面交流，如工作者拥有更多的自主权，使得人力资源变得松散起来。

从广义的人力资源来说，为学者填写调查问卷的被试也是人力资源。国内某知名人力资源微信群讨论如何激励被试者填写问卷的问题，最后大家一致认可使用概率性奖励，即后期抽奖。类似的，近两年风靡起来的网络抢红包现象，同样也是使用概率性奖励激励目标对象（徐琦、宋祺灵，2014）。

显然，对于松散型的人力资源，由于其异于传统人力资源，故目前尚缺乏系统性的激励理论。然而，移动互联情境下，人力资源的松散化是变化的趋势，因此，探讨对于松散型人力资源的激励措施显得尤为迫切。我们关心的问题是：移动互联情境下的松散型人力资源具有什么特点？概率性奖励能有效激励松散型人力资源吗？如果可以，我们应当如何设计概率性奖励？

本章首先通过访谈和质性分析构建了松散型人力资源的特征模型，然后结合目前使用概率性奖励的案例，构建了概率性奖励激励模型，以期为移动互联情景下的松散型人力资源激励提供理论基础。

一、理论与实践回顾

（一）理论回顾

1. 松散型人力资源

松散型人力资源是由程熙鎔等（2016）总结分享经济模式下人力资源管理的特征时提出的，意指管理者和工作者之间缺乏紧密的沟通和严格的管理制度，呈现组织松散的特点。这种松散与分享经济的特征紧密相关，分享经济模式中工作者提供资源及服务，且工作者几乎都拥有另外的工作，在分享经济平台的所得只是一种额外的收入。虽然分享经济的平台方强调工作者是其分包商而非员工，但笔者（2015）认为平台方应将工作者视为其人力资源而进行管理。由于松散型人力资源的特点，工作者缺乏企业文化的熏陶，加之无严格的劳务协定，易导致工作者群体的不稳定性，即工作者大比例的进入和离开（高超民，2015）。

2. 概率性奖励

人们对于概率的研究始于赌博（惠更斯，1657），而对于人们偏好概率性事件的原因，最经典的解释当属昆达（Kunda，1987）提出的，发现人们期望好事情发生在自己身上的概率高于发生在别人身上的概率，甚至对于纯粹的随机事件有不切实际的乐观主义。彩票的期望值显然是低于成本的，对于人们购买彩票这种貌似非理性的行为，昆达的理论给予了很好的解释。

马斯洛需求层次理论认为认知是人类的需求之一，贝克斯顿等（Bexton et al.，1954）开展的感觉剥夺实验表明，认识环境是一种比物质享受更迫切、更强烈的需要。而好奇心正是认知的一种，或许这是人们偏好不确定性事件的原因。

除彩票和赌博领域外，电子游戏亦是广泛使用了概率性奖励。笔者等（2016）研究发现，电子游戏中不能为简单的任务给付很高的报酬，就通过一些概率性的大奖来驱动参与者。汤姆·查特菲尔德（2010）提出，奖励是吸引游戏者参与的原因，但概率性的奖励才是推动游戏者持续下去的动力。

（二）实践回顾

由于对于概率性奖励尚缺乏系统性解释，一些实践尝试超前于理论解释，因此对于实践的回顾，有助于我们理解概率性奖励并进行类比设计。

1. 企业实践

20世纪80年代，美国一家企业曾开展概率性奖励激励员工的实地实验，以尝试解决员工缺勤的问题。初步判断，由于工作缺乏趣味性而引起了员工的缺勤，企业虽然使用工作设计的思想设置了轮岗制度，但仍然不能从根本上改变工作性质，而企业又不愿用惩罚的方式处理缺勤情况，因此设计了概率性奖励的实地实验来尝试解决问题。在实验组中，员工既有报酬不变，以抽签的方式决定额外的奖励给某个员工，虽然奖励并不高，但却使实验成了员工们的热点话题，实验组员工缺勤率降低了50%，而未做改变的控制组的缺勤率没有任何变化。该实验表明这种奖励方法有明显效果，研究者认为该方法有效地提高了工作的趣味性，进而改变了员工缺勤的情况。

2. 大学生实践

很多负责大学学生工作的教师。经常需要将各种信息及时传递给学生，而学生对于接收信息及信息回应的意愿一般都较差，常常造成重要信息的遗漏。有学生干部就使用网络发红包的方式通知信息，抢红包的口令为信息的关键字，以此解决了信息遗漏问题。在这种概率性奖励的通知方式下，学生参与积极性很高，但单个红包期望值往往都是几分钱，显然对学生起主要激励作用的不是金钱。

3. 学者实践

学者开展研究多需要做调查问卷，如何让被试积极、完整地回答问卷，是许多学者头疼的问题，特别是对于为收集纵向数据而需要多次回答的情况，此过程中被试的流失往往难以改善。2016 年的《管理学院》（*Academy of Management*）召集的国际会议上就有汇报的专家专门讨论这个问题。国内有多位学者就使用概率性奖励激励被试，如微信抢红包、抽奖中 ipad 等，取得了非常好的效果，而总体的成本并不高。有学者总结经验，中奖的概率不是特别的重要，概率性奖励的趣味性和过程是吸引被试的关键。

二、松散型人力资源的特点

（一）概念界定

由于松散型人力资源尚无明确的定义，依据笔者

(2015)、程熙鎔等（2016）对于松散型人力资源的描述，结合填制调查问卷被试等类似人力资源现状，可以初步勾勒出松散型人力资源有别于传统人力资源的特征。首先，松散型人力资源的形成均以某个或某类任务为目标；其次，管理者和被管理者之间并无书面的雇用协议，但被管理者却因管理者的意愿付出劳动，事实上成为被管理者的人力资源；最后，松散型的人力资源都是临时性的，缺乏完善、明确的管理制度，亦难以用管理制度进行约束。因此，本书将松散型人力资源界定为：以任务为目标、无书面雇用协议的临时性劳动群体总和。

（二）研究设计

鉴于对松散型人力资源的研究尚处于探索阶段，本书使用扎根理论的方法进行探索研究构建理论。依据理论抽样的理念选择网约车司机等分享经济模式企业一线工作者、曾填制过网络问卷（有酬劳）的大学生、问卷调查者等作为访谈对象。根据对松散型人力资源的界定及研究目的，初步构建了半结构化访谈提纲，采用序贯访谈法（Yin，2004)，每访谈一例即编码一次并更新访谈提纲，不断迭代，直至理论饱和。在访谈过程中，通过网络搜索相关信息、扮演相关角色如应聘网约车司机等方式，对于访谈内容进行三角验证。

（三）编码分析

采用平行编码方式对资料进行分析，一组由 1 名心理学副教授和 1 名管理学博士研究生进行，另一组由 1 名管理学博士生进行。访谈一例即平行编码一次，逐渐完善理论模型。在访谈至第 12 人时发现理论出现饱和的迹象，继续访谈 6 人后仍无新的发现，故认为理论已经饱和。经过不断对比分析，最终得到松散型人力资源的特点，如图 7－1 所示。

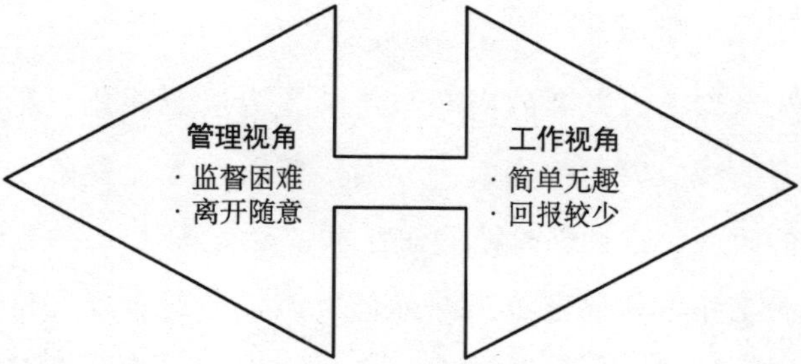

图 7－1　松散型人力资源特点

（四）机制分析

虽然通过扎根的方法归纳得到了松散型人力资源的特点，保证了理论饱和，但仍需要对其合理性进行分析讨论，以检验其可靠性。

1. 监督困难

从管理的视角来看对工作者监督的问题。首先，管理者主要通过互联网建立与松散型人力资源的联系，面对面的交流几乎没有，这使得监督变得比较困难；其次，分享经济模式下的管理者要面对众多的工作者，从工作量角度而言，难以做到对所有工作者的监督，这与传统的管理相去甚远；最后，缺乏书面的雇用协议和完善的管理制度，管理者难以名正言顺地对工作者进行监督。综上可知，对于松散型人力资源的监督确实是困难的。

2. 离开随意

松散型人力资源的离开与传统人力资源相比，呈现随意离开的现象原因何在？一方面，松散型人力资源一般有另外的收入，这种临时性的任务不一定是其唯一经济来源，因此，工作者其他经济来源降低了该任务的重要程度，使得离开的决策变得较为随意；另一方面，由于缺乏书面的雇用协议，从法律的角度而言，工作者比契约型员工受到的制约更少，即随意的离开不会造成严重的后果，比如被追责甚至被起诉。

3. 简单无趣

由于松散型人力资源的形成是以任务为目标且为临时性的，考虑到时间及成本等因素，管理者一般不会对工作者进行工作内容的系统培训，意味着工作者进入人力资源时已经具备完成任务所需的技能。因此，完成目标任务对于工作者而言缺乏新鲜感。此外，松散型人力资源中的工作者个体之间一般没有合作和沟通，而个体的差异决定了任务的难度必须较低，即目标任务对于每个工作者而言都应该是简单易完成的。由此可知，目标任务是简单枯燥的。综上，对工作者而言，目标任务是缺乏新鲜感的、简单的、枯燥的。

4. 回报较少

分享经济模式的企业一直向社会传递信号，参与分享经济模式比传统模式更赚钱，因此重点分析分享经济模式下的工作者收入是否更少。分享经济模式之所以能获得迅猛发展，其核心在于将闲置资源充分利用起来，降低成本，提高社会总福利。抛开国内目前分享经济烧钱炒热市场的成分，同等的劳动，松散型人力资源的汇报与传统岗位收入相比较低，其原因可以从三个角度来分析。首先，从工作者的角度来看，分享经济通过对闲置资源的利用而产生收入，因此有收入就比没有好，工作者并不期待与传统岗位一样高的收入，这一点从“空中食宿”2015 年公布的数据中可见一斑（1.2 亿房源和 40 万人入住，入住率 0.33%）；其次，从市场的角度而言，分享经济模式提供的服务，其质量、安全等方面均低于专业的传统企业，因此分享经济模式服务的价格应该比传统企业更低，这在网约车、空中食宿等可以等到印证；最后，从分享经济的管理者角度而言，管理者仅提供了一个信息平台，服务所需的人力物力均由工作者提供，因此管理者不需要从单笔任务中获得与传统企业一样的收益，而是要通过组织更多的工作者、完成更多的任务来获得恰当的收益。

三、概率性奖励模型构建

结合概率性奖励实践案例，分别依据松散型人力资源的各个特点，对其开展概率性奖励进行分析。首先，针对监督困难的问题，既然难以监控过程并进行控制，那么就要依赖对结果的关注，即实行目标导向，当达成某个或某些目标才可以参与概率性奖励，若概率性奖励对工作者有吸引力的话，自然可以激励其完成指定的目标；其次，工作者离开的随意意味着仅能实施正激励，若实施负激励或加剧工作者离开的情况，影响目标的达成；再次，从学者对于调查问卷被试进行概率性奖励的实践和思考中可以得知，松散型人力资源任务工作的简单无趣，可以通过实施概率性奖励来改善，在概率性奖励抽奖的过程，强化讨论交流，让工作者分享乐趣并提出建议；最后，针对汇报较少的问题，可以借鉴电子游戏中使用概率性大奖来驱动参与者的方式，即提供对工作者有吸引力的大奖，虽然概率很低，依然会起到很好的激励作用，这在学者使用 ipad 等激励被试实践中得到了验证。综上，针对松散型人力资源特点的概率性奖励对应设置原则如图 7－2 所示。

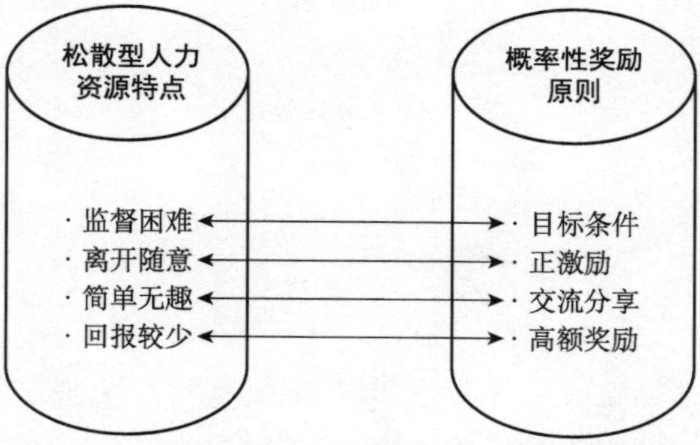

图 7－2　松散型人力资源特点与概率性奖励设置原则对照

将概率性奖励原则进行整理后，使用头脑风暴法将原则转换为具体可操作的内容，共得到参与条件、奖励类型、奖励额度、交流范围、接受反馈 5 个变量，可分为目标、奖励、交流三个阶段。目标阶段的任务是设置好恰当的参加概率性奖励的条件，以激励工作者达成管理者的期望；奖励阶段需要确定奖励什么、奖励多大额度；交流阶段要给工作者提供情感交流的机会，让大家共同分享获奖者的喜悦，并对未获奖者形成激励，同时让工作者为参与抽奖的条件及奖励的类别等提出建议，以期更贴近工作者实际情况和优先需求，具体如图 7－3 所示。

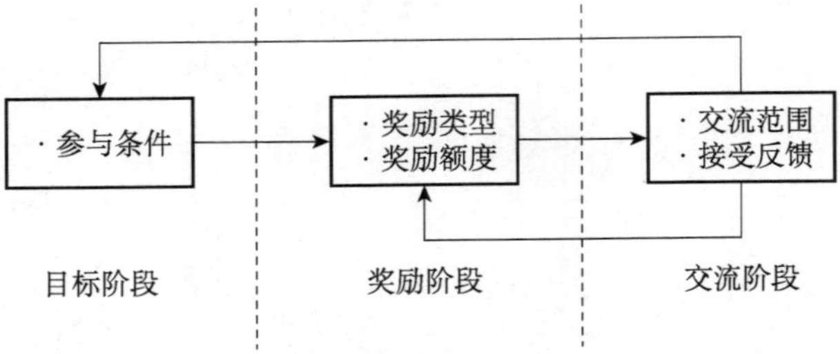

图 7－3　概率性奖励

四、结论与讨论

通过对松散型人力资源的特点和概率性奖励的分析，得到了概率性奖励的理论体系。针对松散型人力资源的概率性奖励，可按目标、奖励、交流三个阶段进行设置。其中，目标阶段设置可参与概率性奖励的条件；奖励阶段设定奖励的类型和奖励的额度；交流阶段确定中奖信息交流的范围以及如何接受工作者对于奖励类型等反馈建议。

（一）讨论与建议

依据概率性奖励理论体系，本研究认为，针对移动互联情景下日益增加的松散型人力资源，应按以下方面措施使用概率性奖励进行激励。

1. 目标阶段

由于松散型人力资源难以监督，当纯粹的报酬吸引力不足时，工作者完成任务的情况往往不够理想。概率性奖励的奖品也许对于工作者有较大吸引力，但如果不能与任务挂钩，概率性奖励只能提升工作者的满意度，未必能提升其绩效。因此，需要以管理者的目标为条件，对工作者能否参与概率性奖励进行限制。参与的条件可以是完成任务的时间、数量、质量，也可以是消费者的满意度等，或者是多个维度的标准。将参与条件与管理者目标关联起来，就可以使工作者和管理者的目标统一，最终达到管理者期望的结果。

2. 奖励阶段

从前述美国企业早期的实践来看，使用概率性的奖励，金钱未必是最佳的激励方式，奖励类型应依据工作者的需求来确定。对于年轻人而言，流行的或者是新潮的电子产品将驱动他们达成目标，而对于中年来说，或许实用性更强的奖品有更高的吸引力。

奖励额度即奖励价值的大小，应依据任务的实际情况进行选择，当任务简单且人力资源总体较小时，可以设置价值较小的奖励，当任务复杂且工作者众多时，设置较高价值的奖励可以获得更好的激励效果。在总价值不变的情况下，奖励可以仅做一个大奖，也可以设置不同级别的多个中奖机会。其差异在于，单独奖励的额度会更高，前期驱动力会更大，对于单次任务的激励效果会更好；而多个中奖机会可以产生更多的中奖者，奖励后的驱动力会更大，更适用于多次或多阶段任务。

3. 交流阶段

奖励后让工作者交流的目的有两个：一是让中奖者获得更大的成就感，虽然这种成就感的产生有些不理性；二是让未中奖者提高中奖的信心，同样的，这种信心的提高也是不理性的。因此，交流范围应该至少覆盖参与抽奖的群体，如有必要，亦可将中奖信息传递给未完成任务的工作者群体，以激励他们在后续的任务中达成目标。

由于对于概率性奖励应用的研究较少，各个环节的设定均缺乏明确的理论指导，所以需要在使用概率性奖励的过程中，不断接受工作者的反馈，特别是参与的条件设定是否恰当，奖励的类型是否受大多数工作者的欢迎，执行奖励的环节是否有不合理之处。对奖励模式不断的优化改进，才能产生更高的激励效果。

（二）不足与展望

研究通过对移动互联情境下的松散型人力资源进行扎根研究，归纳了松散型人力资源的特点，在此基础上研究构建了针对松散型人力资源的概率性奖励理论体系，为松散型人力资源的激励提供了新的理论基础，推动了对于移动互联情景下人力资源激励的认识。但研究仍有以下不足之处，需在未来的研究中予以完善。首先，由于客观条件的限制，构建的概率性奖励理论模型缺乏大样本的量化检验；其次，未对概率性奖励的各变量进行深入探讨，概率性奖励理论体系用于指导实践时，可能因变量操作不当而达不到期望的效果；最后，研究中虽然对理论饱和度进行了检验，但由于个案较少，仍有可能出现理论饱和度不足的问题。

未来需要更多深入、完善的研究。首先，需要更多的学者完善概率性奖励的理论体系，为指导实践奠定理论基础；其次，以实验室实验和准实验的方式对概率性奖励各因素进行量化分析，明晰各因素的相对影响程度；最后，在概率性奖励广泛用于松散型人力资源激励时，开展大样本的量化研究，进一步修正和完善理论体系。

参考文献

[1] Adams, Stacy J. Towards an understanding of inequity. [J]. The Journal of Abnormal and Social Psychology, 1963, 67 (5): 422-436.

[2] Bach D R, Symmonds M, Barnes G, et al. Whole-brain neural dynamics of probabilistic reward prediction [J]. Journal of Neuroscience, 2017 (37): 3789-3798.

[3] Belk R. You are what you can access: sharing and collabo-rative consumption online [J]. Journal of Business Research, 2014, 67 (8): 1595-1600.

[4] Bexton W H, Heron W, Scott T H. Effects of decreased variation in the sensory environment [J]. Canadian Journal of Psychology, 1954, 8 (2): 70.

[5] Bonwell C C, Eison J A. Active Learning: Creating Excitement in the Classroom. Ashe Eric Higher Education Report [M]. Washington: ERIC Digest, 1991.

[6] Boyle C C, Dooley L N, Kuhlman K R, et al. Inflammation and dimensions of reward processing [J]. Brain, Behavior, and Immunity, 2017, 66: e28.

[7] Caraco T, Martindale S, Whittam T S. An empirical

demonstration of risk-sensitive foraging preferences [J]. Animal Behavior, 1980, 28 (3): 820 - 830.

[8] Choi D, Kim J. Why people continue to play online games: in search of critical design factors to increase customer loyalty to online contents. [J]. CyberPsychology & Behavior, 2004, 7 (1): 11 - 24.

[9] Chou T J, Ting C C. The role of flow experience in cyber-game addiction. [J]. Cyberpsychol Behav, 2003, 6 (6): 663 - 675.

[10] Colarelli S M, Dean R A, Konstans C. Comparative effects of personal and situational influences on job outcomes of new professionals. [J]. Journal of Applied Psychology, 1987, 72 (4): 558 - 566.

[11] Connolly T M, Stansfield M, Hainey T. An alternate reality game for language learning: ARGuing for multilingual motivation [J]. Computers & Education, 2011, 57 (1): 1389 - 1415.

[12] Dale S. Gamification making work fun, or making fun of work? [J]. Business Information Review, 2014, 31 (2): 82 - 90.

[13] Dallimore E J, Hertenstein J H, Platt M B. Using discussion pedagogy to enhance oral and written communication skills [J]. College Teaching, 2008, 56 (3): 163 - 172.

[14] Duek O, Shahar G, Osher Y, et al. Role of self-criticism in reward and punishment probabilistic learning [J]. Personality and Individual Differences, 2018, 134: 155 - 163.

[15] Eickhoff C, Harris C G, de Vries A P, Srinivasan P. Quality through flow and immersion: gamifying crowdsourced relevance assessments. In Proceedings of the 35th international ACM SIGIR conference on Research and development in information retrieval [A]. ACM [C]. 2012: 871 - 880.

[16] Farzan R, Dimicco J M, Millen D R, et al. Results from deploying a participation incentive mechanism within the enterprise [A], Proceedings of the 2008 Conference on Human Factors in Computing Systems [C]. 2008: 563 - 572.

[17] Flatla D R, Gutwin C, Nacke L E, Bateman S, Mandryk R L. Calibration games: making calibration tasks enjoyable by adding motivating game elements. In Proceedings of the 24th annual ACM symposium on User interface software and technology [A]. ACM [C]. 2011: 403 - 412.

[18] Florin O, Christian J, Mary K. I PLAY AT WORK-ten principles for transforming work processes through gamification [J]. Frontiers in Psychology, 2014 (5): 1 - 5.

[19] Freidman, Savage L. The Expected Utility Hypothesis and the Measurability of Utility [J]. Journal of Political Economy, 1952, 60 (6): 463 - 474.

[20] Gabe Zichermann & Joselin Linder. The gamification revolution: How leaders leverage game mechanics to crush the competition [M]. United States: mcgraw hill education, 2013.

[21] Gee J P. What video games have to teach us about learning and literacy [M]. Macmillan, 2014.

[22] Gee J P. Why video games are good for your soul: Pleasure and learning [M]. Common Ground, 2005.

[23] Glaser, B G, and Strauss, A L. The discovery of grounded theory: Strategies for qualitative research [M]. New York: Aldine, 1967.

[24] Gros B. Digital games in education: The design of games-based learning environments [J]. Journal of Research on Technology in Education, 2007, 40 (1): 23 - 38.

[25] Hackman J R, Oldham G R. Development of the Job Diagnostic Survey [J]. Journal of Applied Psychology, 1975, 60 (2): 159 - 170.

[26] Hamari J, Koivisto J, Sarsa H. Does Gamification Work? —A Literature Review of Empirical Studies on Gamification [A], IEEE [C]. 2014.

[27] Hamari J, Koivisto J, Sarsa H. Does Gamification Work? —A Literature Review of Empirical Studies on Gamification [A]. the 47th Hawaii International Conference on System Sciences [C]. 2014: 3025 - 3034.

[28] Heath C, Larrick R P, Wu G. Goals as reference points [J]. Cogn Psychol, 1999, 38 (1): 79 - 109.

[29] Horner J M, Staddon J E R. Probabilistic choice: A simple invariance [J]. Behavioural Processes, 1987, 15 (1): 59 - 92.

[30] Huang C C, Yeh T K, Li T Y, et al. The Idea Storming Cube: Evaluating the Effects of Using Game and Computer Agent to Support Divergent Thinking [J]. Educational Technology & Society, 2010, 13 (4): 180 - 191.

[31] Huizinga J. Homo Ludens: A Study of the Play-elememt in Culture [M]. Boston: Beacon Press, 1955.

[32] Jung J H, Schneider C, Valacich J. Enhancing the Motivational Affordance of Information Systems: The Effects of Real-Time Performance Feedback and Goal Setting in Group Collaboration Environments [J]. Management Science, 2010, 56 (4): 724 - 742.

[33] Jung J H, Schneider C, Valacich J. Enhancing the Motivational Affordance of Information Systems: The Effects of Real-Time Performance Feedback and Goal Setting in Group Collaboration Environments [J]. Management Science, 2010, 56 (4): 724 - 742.

[34] Kahneman D, Tversky A. Choices, values, and frames [M]. Cambridge University Press, 2000.

[35] Kevin Werbach, Dan Hunter. How game thinking can revolutionize your business [M]. United States: Wharton Digital Press, 2012.

[36] Kharrazi H, Lu A S, Gharghabi F, et al. A Scoping Review of Health Game Research: Past, Present, and Future [J]. Games for Health Journal, 2012, 1 (2): 153 - 164.

[37] Kunda Z. Motivated inference: Self-serving generation and evaluation of causaltheories [J]. Journal of personality and social psychology, 1987, 53 (4): 636 - 647.

[38] Lane S D, Cherek D R. Risk Aversion in Human Subjects under Conditions of Probabilistic Reward [J]. Psychological Record, 2000, 50 (2): 221 - 234.

[39] Larrick R P, Heath C, Wu G. Goal-Induced Risk Taking in Negotiation and Decision Making [J]. Social Cognition, 2009, 27 (3): 342 - 364.

[40] Li S. A Behavioral Choice Model When Computational Ability Matters [J]. Applied Intelligence, 2004, 20 (2): 147 - 163.

[41] Li Y, Vanni-mercier G, Isnard J, et al. The neural dynamics of reward value and risk coding in the human orbitofrontal cortex [J]. Brain, 2016, 139 (4): 1295 - 1309.

[42] Li, S. Equate-to-differentiate theory: A coherent bi-choice model across certainty, uncertainty and risk (Unpub-

lished doctorial dissertation) [M]. University of New South Wales, 1994.

[43] Lieberoth A. Shallow Gamification Testing Psychological Effects of Framing an Activity as a Game [J]. Games and Culture, 2015, 10 (3): 229 - 248.

[44] Lieberoth, A. Shallow Gamification Testing Psychological Effects of Framing an Activity as a Game [J]. Games & Culture, 2015, 10 (3): 229 - 248.

[45] Linke J, Wessa M. Mental Imagery Training Increases Wanting of Rewards and Reward Sensitivity and ReducesDepressive Symptoms [J]. Behavior therapy, 2017, 48 (5): 695 - 706.

[46] Liyan Song. Digital Game-Based Learning [M]. New York: Paragon House, 2007.

[47] March J G, Shapira Z. Variable risk preferences and the focus of attention. [J]. Psychological Review, 1992, 99 (1): 172 - 183.

[48] McGonigal J. Reality is broken: Why games make us better and how they can change the world. Penguin, 2011.

[49] Mishra S, Fiddick L. Beyond gains and losses: The effect of need on risky choice in framed decisions. [J]. Journal of Personality and Social Psychology, 2012, 102 (6): 1136 - 1147.

[50] Mishra S, Barclay P, Sparks A. The Relative State Model Integrating Need-Based and Ability-Based Pathways to Risk-Taking [J]. Personality & Social Psychology Review An Official Journal of the Society for Personality & Social Psychology Inc, 2016, 21 (2): 1-23.

[51] Mishra S, Lalumière M L. You can't always get what you want: The motivational effect of need on risk-sensitive decision-making. [J]. Journal of Experimental Social Psychology, 2010, 46 (4): 605-611.

[52] Mishra, S., Lalumière, M. L., Williams, R. J., & Daly, M. Determinants of risky decision-making and gambling: The effects of need and relative deprivation. Ontario Problem Gambling Research Centre Report, 2012.

[53] Mollick E R, Nancy R. Mandatory Fun: Consent, Gamification and the Impact of Games at Work [J]. SSRN Electronic Journal, 2014 (10.2139/ssrn.2277103).

[54] Mollick E R, Rothbard N. Mandatory fun: consent, gamification and the impact of games at work [A]. The Wharton School research paper series [C]. 2014.

[55] Pizzagalli D A, Goetz E, Ostacher M, et al. Euthymic patients with bipolar disorder show decreased reward learning in a probabilistic reward task. [J]. Biological Psychiatry, 2008, 64 (2): 162-168.

[56] Pizzagalli D A, Iosifescu D, Hallett L A, et al. Reduced hedonic capacity in major depressive disorder: Evidence from a probabilistic reward task [J]. Journal of Psychiatric Research, 2009, 43 (1): 76 - 87.

[57] Pratt J W. Risk aversion in the small and in the large [J]. Journal of the Econometric Society, 1964: 122 - 136.

[58] Przybylski A K, Rigby C S, Ryan R M. A motivational model of video game engagement. [J]. Review of General Psychology, 2010, 14 (2): 154 - 166.

[59] Putz L M, Treiblmaier H. Creating a theory-based research agenda for gamification [A]. AMCIS2015 [C]. 2015.

[60] Rigby S, Ryan R M. Glued to games: How video games draw us in and hold us spellbound [M]. Santa Barbara: ABC-CLIO, 2011.

[61] Rughinis R. Gamification for productive interaction: Reading and working with the gamification debate in education [A]. Information Systems and Technologies (CISTI), 2013 8th Iberian Conference on [C]. AISTI, 2013.

[62] Rutledge R B, Moutoussis M, Smittenaar P, et al. Association of neural and emotional impacts of reward prediction errors with major depression [J]. JAMA psychiatry, 2017, 74 (8): 790 - 797.

[63] Said N A, Munap R. Job characteristics and job sat-

isfaction: A relationship study on supervisors performance [C]. IEEE International Conference on Management of Innovation & Technology. IEEE, 2010: 714 – 719.

[64] Seligman, M. E. P. Helplessness: On depression, development, and death [M]. New York: W H Freeman/ Times Books/Henry Holt & Co, 1975.

[65] Skinner B. The science of learning and the art of teaching. [J]. Harvard Educational Review, 1954, 24 (2): 86 – 97.

[66] Tan W H. The breaking of the Circle. Playing with, through, against medial boundaries [A]. Future learning spaces [C]. 2011: 240 – 250.

[67] Thom J, Millen D, DiMicco J. Removing gamification from an enterprise SNS [A]. In Proceedings of the ACM 2012 conference on Computer Supported Cooperative Work [C]. 2012: 1067 – 1070.

[68] Tian M, Tao R, Zheng Y, et al. Internet gaming disorder in adolescents is linked to delay discounting but not probability discounting [J]. Computers in Human Behavior, 2018 (80): 59 – 66.

[69] Tsai F H, Yu K C, Hsiao H S. Exploring the Factors Influencing Learning Effectiveness in Digital Game-based Learning [J]. Educational Technology & Society, 2012, 15

(3): 240 - 250.

[70] Tversky A, Kahneman D. The framing of decisions and the psychology of choice [J]. Science, 1981, 211 (4481): 453 - 458.

[71] Tversky K A. Prospect Theory: An Analysis of Decision under Risk [J]. Econometrica, 1979, 47 (2): 263 - 292.

[72] von Neumann, J., & Morgenstern, O. Theory of games and economic behavior [M]. Princeton, NJ: Princeton University Press, 1944.

[73] Wan C S, Chiou W B. Psychological motives and online games addiction: a test of flow theory and humanistic needs theory for Taiwanese adolescents. [J]. CyberPsychology & Behavior, 2006, 9 (3): 317 - 324.

[74] Wang X T, Johnson J G. A tri-reference point theory of decision making under risk [J]. Journal of Experimental Psychology: General, 2012, 141 (4): 743 - 756.

[75] Wang X T. Decision heuristics as predictors of public choice [J]. Journal of Behavioral Decision Making, 2010, 21 (1): 77 - 89.

[76] Weber T A. Intermediation in a sharing economy: insura-nce, moral hazard, and rent extraction [J]. Journal of Management Information Systems, 2014, 31 (3): 35 - 71.

[77] Weibel D, Wissmath B, Habegger S, et al. Playing

online games against computer-vs. human-controlled opponents: Effects on presence, flow, and enjoyment [J]. Computers in Human Behavior, 2008, 24 (5): 2274 -2291.

[78] Werbach K, Hunter D. For the win: How game thinking can revolutionize your business [M]. Philadelphia: Wharton Digital Press, 2012.

[79] Whitton A, Reinen J, Slifstein M, etal. 253. Utilizing a Behavioral Assay of Reward Learning to Predict Clinical Response to a Dopamine Agonist in Individuals With Depression [J]. Biological Psychiatry, 2018, 83 (9): S102.

[80] Xiao Z, Dyson J R. Chinese students' perceptions of good accounting teaching [J]. Accounting Education, 1999, 8 (4): 341 -361.

[81] Yu-Kai Chou. Actionable Gamification: beyond points, badges and leaderboards [M]. Octalysis Media: Fremont. CA, 2016.

[82] 敖银辉. 大学生课堂参与性的分析与对策 [J]. 江西教育: 综合版, 2011 (7): 28 -29.

[83] 曹小芹, 廖保平, 郭元鹏, 舒圣祥. 报告会“院士站着学生睡着”谁该脸红 [N]. 西安日报, 2014 -09 -18: 11.

[84] 程君青, 朱晓菊. 教育游戏的国内外研究综述 [J]. 现代教育技术, 2007, 7 (17): 72 -75.

[85] 程熙镕，李朋波，梁晗．共享经济与新兴人力资源管理模式——以 Airbnb 为例 [J]．中国人力资源开发，2016 (6)：20 - 25.

[86] 程絮森，朱润格，傅诗轩．中国情境下互联网约租车发展模式探究 [J]．中国软科学，2015 (10)：36 - 46.

[87] 董建蓉，李小平，唐丽萍．基于网络游戏的产品属性与消费行为研究——以大学生游戏成瘾为例 [J]．中南民族大学学报：人文社会科学版，2007 (S1)：83 - 85.

[88] 冯其洪，石金涛．游戏规则中的激励机制研究——以盛大集团的“游戏式管理”模式为例 [J]．中国人力资源开发，2012 (10)：32 - 36.

[89] 高超民，罗文豪，张锦飞．电子游戏的激励机制研究——基于扎根理论的游戏者访谈数据质性分析 [J]．中国人力资源开发，2016 (1)：30 - 39.

[90] 高超民，黄荣峰，陆增辉．概率性奖励：移动互联情景下的松散型人力资源激励新思路 [J]．中国人力资源开发，2016 (16)：11 - 15.

[91] 高超民，陆增辉，钟琳．工作游戏化概率性奖励探索研究 [J]．商业经济研究，2017 (15)：111 - 114.

[92] 高超民，马静．基于期望理论修正的精神激励理论研究 [J]．未来与发展，2015 (12)：74 - 76，62.

[93] 高超民，汤颖．基于激励视角的低头族内驱力实证研究 [J]．未来与发展，2015 (07)：16 - 19.

[94] 高超民．分享经济模式下半契约型人力资源管理模式研究——基于6家企业的多案例研究［J］．中国人力资源开发，2015（23）：16－21．

[95] 郭佩英．论平时成绩管理激励策略对课堂参与行为的影响［J］．教育与职业，2006（30）：128－130．

[96] 何基生．论课堂教学中学生的竞争与合作——兼论有效课堂学习小组的构建［J］．教育探索，2009（03）：20－22．

[97] 霍增辉．《会计学原理》课程的学生参与度调查与对策研究［J］．经济研究导刊，2011（36）：277－278．

[98] 蒋桂珍．大学生性格因素与课堂参与模式的相关性［J］．教育评论，2008（2）：79－82．

[99] 李兰．分享经济：未来十年的风口［J］．决策，2015（5）：62－63．

[100] 李纾．决策心理：齐当别之道［M］．上海：华东师范大学出版社，2016．

[101] 李晓昀，余颖，欧阳纯萍，周荔．竞争驱动式程序设计课程教学改革［J］．计算机教育，2012（16）：49－51．

[102] 李志军，周爽，孙毅．浅析游戏规则对企业人力资源管理的借鉴［J］．中国人力资源开发，2012（10）：18－21．

[103] 廖建桥．中国式绩效管理：特征、问题及发展

方向［J］. 管理学报，2013（06）：781－788.

［104］刘瑞儒，符永川，任锁平．青少年网络游戏行为特征研究——以陕西青少年为研究视角［J］. 电化教育研究，2011（7）：47－53，60.

［105］罗伯特·K. 殷，娈，周海涛，等．案例研究：设计与方法［M］. 重庆：重庆大学出版社，2004.

［106］罗文豪，孙雨晴，冯蛟．游戏化在人力资源管理中的应用：理论分析与实践反思［J］. 中国人力资源开发，2016（01）：6－13.

［107］吕福玉．分享经济的发展趋势与应对策略［J］. 商业时代，2014（29）：47－49.

［108］马云平，邵华清，杨守杰．关于会计电算化课程教学改革的思考［J］. 对外经贸，2012（1）：147－148.

［109］毛艳羚．从实践到理论的课堂教学模式研究——以会计电算化课程为例［J］. 商，2015（8）：162.

［110］彭海云，马占欣．基于 PBL＋竞争机制的“程序设计基础”课程教学模式探究［J］. 实验技术与管理，2012，29（6）：174－177.

［111］邱晨辉．九旬院士站着做报告九零后学生趴着打瞌睡［EB/OL］.［2014－09－16］. http：//article. cyol. com/news/content/2014－09/16/content_10659269. htm.

［112］尚俊杰，肖海明，贾楠．国际教育游戏实证研究综述：2008—2012 年［J］. 电化教育研究，2014，35

(1)：71 – 78.

[113] 史雪青，林凤，何建佳. 有激励性工作游戏化设计对员工工作绩效的影响——以员工自我效能感为中介变量 [J]. 科技与管理，2019，21 (04)：105 – 110.

[114] 唐群，张熙，吴华. 竞争激励法在病理学教学中的应用和评价 [J]. 中国高等医学教育，2009 (09)：108 – 109.

[115] 王璐，高鹏. 扎根理论及其在管理学研究中的应用问题探讨 [J]. 外国经济与管理，2010 (12)：10 – 18.

[116] 王泽宇，杨慧，孙煊婷. 从内在动力到网络中心性：游戏化管理的创新业绩实证研究 [J]. 中国人力资源开发，2016 (1)：23 – 29.

[117] 魏爽. 青少年网络游戏成瘾原因分析 [J]. 中国青年研究，2008 (10)：103 – 105.

[118] 吴清津，王秀芝. 寓工作于玩乐：游戏化人力资源管理 [J]. 中国人力资源开发，2012 (10)：22 – 26.

[119] 吴伟，吴慧玲. 电子游戏对课堂教育的启示 [J]. 中国教育信息化，2008 (6)：26 – 28.

[120] 徐琦，宋祺灵. "微信红包" 的 "新" 思考——以微信 "新年红包" 为例，分析新媒体产品的成功要素 [J]. 中国传媒科技，2014 (3)：27 – 30.

[121] 燕道成. 中小学生网络游戏成瘾的心理成因与教育应对 [J]. 中国教育学刊，2014 (2)：99 – 102.

[122] 杨月坤．员工激励机制创新研究——基于网络游戏激励机制的启示 [J]．中国人力资源开发，2012 (10)：27-31.

[123] 杨振芳，孙贻文．游戏化招聘：人才选拔的新途径 [J]．中国人力资源开发，2015 (24)：47-52.

[124] 苑木辛，于中江．游戏化管理成功之道：网龙公司游戏化管理实践分析 [J]．中国人力资源开发，2015 (24)：39-44.

[125] 张宏如．大学生网络游戏成瘾的心理学分析 [J]．中国青年研究，2007 (12)：78-81.

[126] 赵有强，孙雨晴．步科公司的游戏化管理实践探索 [J]．中国人力资源开发，2015 (24)：51-59.

[127] 周业安，左聪颖，陈叶烽，连洪泉，叶航．具有社会偏好个体的风险厌恶的实验研究 [J]．管理世界，2012 (06)：86-95.